Die Reihe N&R-Buch wird herausgegeben von

Robert Klotz, Brüssel
Professor Dr. Christian Koenig, LL.M. (LSE), Bonn
Professor Dr. Dr. Franz Jürgen Säcker, Berlin
Dr. Uwe Wetzel, Berlin

Eigenkapitalkosten von Gasnetzbetreibern

Gutachten zur Bestimmung und zur Höhe des kalkulatorischen Eigenkapitalkostensatzes von Netzbetreibern in der Gaswirtschaft im Auftrag des Bundesverbandes der deutschen Gas- und Wasserwirtschaft e.V. und des Verbandes kommunaler Unternehmen e.V.

Ralf Diedrich

Univ.-Prof. Dr. **Ralf Diedrich** vertritt das Fach Controlling und interne Unternehmensrechnung an der Wirtschaftswissenschaftlichen Fakultät der Universität Leipzig. Seine Forschungsschwerpunkte liegen in den Bereichen Anreizmechanismen und Unternehmensbewertung. Gutachtlich ist er in Fragen der Kostenrechnung und der Unternehmensbewertung tätig.

ISBN-10 3-8005-1422-2
ISBN-13 978-3-8005-1422-9

Die Deutsche Bibliothek verzeichnet diese Publikation in der Deutschen Nationalbibliografie; detaillierte bibliografische Daten sind im Internet über http://dnb.ddb.de abrufbar.

© 2005 by Verlag Recht und Wirtschaft, Heidelberg
Sellier. European Law Publishers GmbH, München.

Dieses Werk einschließlich aller seiner Teile ist urheberrechtlich geschützt. Jede Verwertung außerhalb der engen Grenzen des Urheberrechtsgesetzes ist ohne Zustimmung des Verlages unzulässig und strafbar. Das gilt insbesondere für Vervielfältigungen, Übersetzungen, Mikroverfilmungen und die Einspeicherung und Verarbeitung in elektronischen Systemen.

Gestaltung: Sandra Sellier, München. Herstellung: Karina Hack, München. Druck und Bindung: AZ-Druck, Kempten. Gedruckt auf säurefreiem, alterungsbeständigem Papier.
Printed in Germany

Zusammenfassung

1. Gegenstand der vorliegenden Untersuchung ist der Eigenkapitalkostensatz von Gasnetzbetreibern auf der Endverteilerstufe und von regionalen Gasversorgungsunternehmen. Die ermittelte Größe soll im Rahmen der kostenorientierten Bestimmung von Netzzugangsentgelten zur Anwendung kommen.
2. Der Eigenkapitalkostensatz bestimmt die interne Verzinsung des investierten Eigenkapitals. Er ist von der Höhe her angemessen, wenn die interne Verzinsung des eingesetzten Kapitals derjenigen entspricht, die der Investor im Investitionszeitpunkt bei einer äquivalenten Alternativanlage in Aktien am Kapitalmarkt hätte erwarten können.
3. Der Eigenkapitalkostensatz setzt sich aus drei Komponenten zusammen: dem Basiszinssatz, einem Risikozuschlag und einem Preissteigerungsabschlag. Da die interne Verzinsung der zum Vergleich herangezogenen Alternativanlage aus Zahlungen nach Abzug von Unternehmenssteuern resultiert, handelt es sich um eine Nach-Steuer-Größe.
4. Der Basiszinssatz ist die quasisichere Verzinsung einer Alternativanlage, deren Laufzeit der durchschnittlichen Nutzungsdauer der Investitionsgüter eines Gasnetzbetreibers entspricht (Kriterium der Laufzeitäquivalenz). Er wird auf der Grundlage der Umlaufrendite von Anleihen der öffentlichen Hand und von börsennotierten Bundeswertpapieren bestimmt.
5. Da am deutschen Kapitalmarkt keine solchen Wertpapiere mit entsprechender Restlaufzeit notiert werden, kommt die Übernahme eines Stichtagszinses nicht in Frage. Gegen die Zugrundelegung des Zinsniveaus zu einem bestimmten Stichtag spricht auch die Tatsache, dass die Investitionsgüter von Gasnetzbetreibern zu verschiedenen Investitionszeitpunkten bei unterschiedlichen alternativ erzielbaren Anlagerenditen angeschafft wurden.
6. Vor dem Hintergrund der historischen Entwicklung der Kapitalmarktzinsen und unter Berücksichtigung eines in den letzten Jahrzehnten zu verzeichnenden Rückgangs der nominalen Kapitalmarktzinsen sowie der obenstehenden Gesichtspunkte wird der Basiszinssatz mit 6,5% bemessen.
7. Die Funktion des Risikozuschlag besteht darin, den Basiszinssatz an das vom Investor übernommene Risiko anzupassen (Kriterium der Risikoäquivalenz). Der Risikozuschlag wird – dem Capital Asset Pricing Model folgend – als Produkt aus der Marktrisikoprämie und dem Betafaktor eines typischen Gasnetzbetreibers bestimmt.

8. Die Marktrisikoprämie liegt ausgehend vom arithmetischen Mittelwert historischer Aktienrenditen bei 4,5 % bis 5,0 %-Punkten. Bei der Schätzung wurde insbesondere die im internationalen Vergleich hohe Streuung der Aktienrenditen in Deutschland und die damit einhergehende Diskrepanz zwischen dem arithmetischen und dem geometrischen Mittelwert der historischen Renditen berücksichtigt.
9. Der Betafaktor von Gasnetzbetreibern wird in mehreren Schritten ermittelt. Zunächst wird der aktuelle Betafaktor der Versorgerbranche insgesamt bestimmt. Im Weiteren wird das Branchenbeta an das finanzielle und das operative Risiko von Gasnetzbetreibern angepasst. Schließlich werden potentielle Auswirkungen von Bewertungsanomalien auf das zugrunde gelegte Branchenbeta untersucht.
10. Der aktuelle Betafaktor der Versorgerbranche beläuft sich auf 0,55 – 0,60. Ein Betafaktor in dieser Spanne ergibt sich sowohl für den CDAX Utilities gegenüber dem CDAX als auch für den DJ Euro Stoxx Utilities gegenüber dem DJ Euro Stoxx All Share. Eine Anpassung des Branchenbetas aufgrund eines vom Branchendurchschnitt abweichenden finanziellen Risikos bei Gasnetzbetreibern erweist sich als nicht erforderlich.
11. Das operative Risiko von Gasnetzbetreibern ist infolge der weitreichenden Substitutionsmöglichkeiten der Gasabnehmer sowie der vergleichsweise hohen Bedrohung durch Wettbewerber (konkurrierender Leitungsbau) insbesondere gegenüber Netzbetreibern in der Elektrizitätswirtschaft erhöht. Der Betafaktor von Gasnetzbetreibern wird daher mit 0,68-0,73 angesetzt.
12. Im Rahmen einer tageswertorientierten Kalkulation erhält der Investor über die Verrechnung von Abschreibungen auf Tagesneuwerte einen Ausgleich für Preissteigerungen bei den Investitionsgütern. Da ein nominaler Verzinsungsmaßstab ebenfalls einen Ausgleich für Preissteigerungen beinhaltet, muss der Basiszinssatz durch Vornahme eines Preissteigerungsabschlags in einen realen Verzinsungsmaßstab überführt werden.
13. Aus dem Zusammenhang mit den Abschreibungen ergibt sich, dass der Preissteigerungsabschlag nicht in Höhe einer allgemeinen Inflationsrate, sondern nach Maßgabe der für die Anlagen eines Gasnetzbetreibers spezifischen Preissteigerungen bemessen werden muss.
14. Die Zugrundelegung der aktuellen Preissteigerungen bei der Bemessung des Preissteigerungsabschlags kann zu Schwankungen bei den Netzzugangsentgelten führen, die weder aus der Sicht der Abnehmer noch aus der Sicht der Netzbetreiber wünschenswert sind. Es ist daher erforderlich, die Preissteigerungsraten im Zeitablauf zu glätten und den Preissteigerungsabschlag hierauf aufbauend zu bestimmen.
15. Die durchschnittliche Preissteigerung bei den Investitionsgütern eines typisierten Gasnetzbetreibers auf der Endverteilerstufe belief sich im

Jahr 2002 auf ca. 0,63 %. In der Vergangenheit waren allerdings insbesondere bei den Verteilungsnetzen und den Hausanschlüssen wesentlich höhere Preissteigerungen von 2,18 % bis 2,81% zu verzeichnen. Der Ansatz von geglätteten Werten für diese Positionen führt zu einem Preissteigerungsabschlag von 1,8 %-Punkten.

16. Der gesuchte Eigenkapitalkostensatz liegt damit insgesamt in einer Spanne von 7,8 % - 8,4 % nach Unternehmenssteuern. Abweichungen von dieser Spanne nach oben können aufgrund besonders ausgeprägten partiellen Leitungswettbewerbs oder aufgrund einer außergewöhnlichen Anlagenstruktur gerechtfertigt sein.

Inhalt

Zusammenfassung　　　　　　　　　　　　　　　　V

1. Ziel und Vorgehensweise der Untersuchung　　　　　1

2. Rahmenbedingungen, konzeptionelle
   Grundlagen und Annahmen　　　　　　　　　　　　3

3. Zur Bestimmung und zur Höhe des Basiszinssatzes
   3.1 Funktion des Basiszinssatzes und Methodik seiner Bestimmung　　7
   3.2 Empirische Untersuchungen zu langfristigen Kapitalmarktzinsen　　9
   3.3 Bemessung des Basiszinssatzes　　　　　　　　　　　　　　　11

4. Zur Bestimmung und zur Höhe des Risikozuschlags
   4.1 Funktion des Risikozuschlags und Methodik seiner Bestimmung　　13
   4.2 Bestimmung der Marktrisikoprämie　　　　　　　　　　　　　15
   4.3 Der Betafaktor von Gasnetzbetreibern　　　　　　　　　　　　19
   4.3.1 Das Branchenbeta als Ausgangspunkt　　　　　　　　　　　19
   4.3.2 Anpassung des Branchenbetas an das finanzielle
         Risiko von Gasnetzbetreibern　　　　　　　　　　　　　23
   4.3.3 Anpassung des Branchenbetas an das operative
         Risiko von Gasnetzbetreibern　　　　　　　　　　　　　25
   4.3.4 Anpassung des Branchenbetas aufgrund
         von Bewertungsanomalien　　　　　　　　　　　　　　32
   4.4 Bemessung des Risikozuschlags　　　　　　　　　　　　　　33

5. Zur Bestimmung und zur Höhe des
   Preissteigerungsabschlags
   5.1 Funktion des Preissteigerungsabschlags und
       Methodik seiner Bestimmung　　　　　　　　　　　　　　　35
   5.2 Bemessung des Preissteigerungsabschlags　　　　　　　　　　37

6. Ergebnis der Untersuchung　　　　　　　　　　　　41

Literatur *43*

Anlage 1:
Umlaufrenditen von Anleihen der öffentlichen Hand und
börsennotierten Bundeswertpapieren 1964 bis 2003 *47*

Anlage 2:
Marktrisikoprämien im Zeitraum 1900 bis 2002 im
internationalen Vergleich *49*

Anlage 3:
Aktuelle Betafaktoren zum DJ Euro Stoxx Utilities *51*

Anlage 4:
Theoretischer Zeitbezug des Preissteigerungsabschlags *53*

Anlage 5:
Anlagenklassen gemäß Verbändevereinbarung
Erdgas II und WIBERA Indexreihen *55*

1.
Ziel und Vorgehensweise der Untersuchung

Der aktuell diskutierte Entwurf einer Neufassung des Energiewirtschaftsgesetzes sieht vor, dass das Entgelt für den Zugang zu Gasversorgungsnetzen vom Grundsatz her kostenorientiert bestimmt wird. Abweichungen von diesem Grundsatz sollen bei Leitungswettbewerb möglich sein. Die kostenorientierte Bestimmung von Netzzugangsentgelten auf der Grundlage einer energiewirtschaftlich rationellen Betriebsführung wird damit in erster Linie die Betreiber von Gasverteilernetzen im Sinne einer funktionalen Abgrenzung betreffen.[1] Auf Gasnetzbetreiber in diesem Sinne beziehen sich die folgenden Ausführungen. Hierunter fallen Gasversorgungsunternehmen auf der Endverteilerstufe und regionale Gasversorgungsunternehmen.

Die im Zuge der Kalkulation anzuwendenden Methoden sind im Gesetzentwurf nicht geregelt; sie werden in einer Rechtsverordnung, ggf. durch die Bundesregulierungsbehörde für Elektrizität, Gas, Telekommunikation und Post, konkretisiert. Die größten Probleme dürften sich dabei aus methodischer Sicht bei den Kapitalkosten ergeben. Weitgehend unstrittig ist, dass die Kosten des Einsatzes von Fremdkapital pagatorisch auf der Basis der tatsächlich gezahlten Fremdkapitalzinsen bestimmt werden. Unstrittig scheint auch, dass die Kosten des Einsatzes von Eigenkapital als wertmäßige Kosten aus Renditeerwartungen abzuleiten sind, die die Eigenkapitalgeber mit ihrem Engagement berechtigterweise verbinden. Nicht abschließend geklärt ist jedoch die Frage, welcher Eigenkapitalkostensatz bei der Bemessung der Eigenkapitalkosten zur Anwendung kommen sollte. Mit dieser Frage beschäftigt sich die vorliegende Untersuchung.

Aus ökonomischer Sicht ist der bei der Kalkulation verwendete Eigenkapitalkostensatz in vielerlei Hinsicht von Bedeutung. Als Konstituente des Netzzugangsentgelts wirkt er zunächst direkt auf die wirtschaftliche Situation von Gasnetzbetreibern ein. Darüber hinaus bestimmt er die mit dem Bezug von Gas verbundenen Transportkosten und kann damit Einfluss auf die Attraktivität dieses Energieträgers aus der Sicht der Abnehmer nehmen. Hiervon wiederum ist die wirtschaftliche Situation von Gasversorgungsunternehmen auf allen Stufen der Wertschöpfungskette betroffen. Als erwartete Rendite des Einsatzes von Eigenkapital bestimmt der Eigen-

---

[1] Zum Wettbewerb auf den Fernleitungsnetzen siehe *Knieps* (2002).

kapitalkostensatz die Attraktivität von Investitionen in Gasverteilernetze. Ein langfristig angelegter, leistungsfähiger und zuverlässiger Betrieb dieser Netze ist nur denkbar, wenn sich dauerhaft Investoren finden, die Eigenkapital in den Ausbau und/oder die Erneuerung der Netze einbringen. Infolgedessen ist der Eigenkapitalkostensatz mit entscheidend dafür, ob die Ziele des neugefassten Energiewirtschaftsgesetzes erreicht werden können.

Der methodische Ansatz, der der Bestimmung des Eigenkapitalkostensatzes im Folgenden zugrunde gelegt wird, knüpft an den Investitionen an, die zum Aufbau und zum Erhalt von Gasverteilernetzen erforderlich sind. Die Funktion des Eigenkapitalkostensatzes besteht darin, die interne Verzinsung des investierten Eigenkapitals festzulegen. Als angemessen wird der Eigenkapitalkostensatz erachtet, wenn die interne Verzinsung des eingesetzten Eigenkapitals gerade derjenigen entspricht, die der Investor im Investitionszeitpunkt bei einer äquivalenten Alternativanlage am Kapitalmarkt hätte erzielen können. Dieses Angemessenheitskriterium harmoniert offensichtlich mit den im neugefassten Energiewirtschaftsgesetz formulierten Zielen. Denn würde der Eigenkapitalkostensatz zu gering bemessen und bliebe die interne Verzinsung des in Gasverteilernetze investierten Eigenkapitals folglich hinter derjenigen zurück, die alternativ erzielt werden könnte, so käme es nicht zu Investitionen in Gasverteilernetze. Würde der Eigenkapitalkostensatz zu hoch bemessen, so würde der Investor eine nicht zu rechtfertigende Rendite erzielen.

Der Aufbau der Untersuchung ist wie folgt: Zunächst wird der konzeptionelle Hintergrund der Kalkulation skizziert; in diesem Zusammenhang werden auch Annahmen formuliert, die der Untersuchung zugrunde liegen. Im Weiteren wird der Eigenkapitalkostensatz eines Gasnetzbetreibers in mehreren Schritten entwickelt. Ausgangspunkt ist dabei der Basiszinssatz als diejenige quasisichere Verzinsung, die der Eigenkapitalgeber bei einer hinsichtlich der Investitionslaufzeit äquivalenten, aber risikolosen Anlage am Kapitalmarkt erzielen könnte. Im nächsten Schritt wird der Risikozuschlag zum Basiszinssatz bestimmt, den die Eigenkapitalgeber als Entgelt für die Übernahme des unternehmerischen Risikos erwarten dürfen. Infolge der Zugrundelegung eines Kalkulationsschemas, das auf dem Gedankengut der Nettosubstanzerhaltung basiert, muss im letzten Schritt ein Preissteigerungsabschlag bestimmt werden, um den der nominale risikoangepasste Eigenkapitalkostensatz vermindert wird. Als Ergebnis der Untersuchung wird abschließend eine Spannweite für den gesuchten Eigenkapitalkostensatz formuliert.

2.
Rahmenbedingungen, konzeptionelle Grundlagen und Annahmen

Energieversorgungsunternehmen haben die gesetzliche Verpflichtung, zu einer möglichst sicheren, preisgünstigen und umweltverträglichen Versorgung mit Energie beizutragen. Hieraus resultiert für sie mehr noch als für erwerbswirtschaftliche Unternehmen in anderen Wirtschaftszweigen das Erfordernis, für die Erhaltung ihrer Anlagen Sorge zu tragen. Mit Bezug vornehmlich auf die Elektrizitätswirtschaft wurde der Zusammenhang zwischen dem Substanzerhaltungserfordernis und der Entgeltkalkulation in der Vergangenheit ausführlich diskutiert.[2] Im Ergebnis hat sich die Auffassung durchgesetzt, dass von einer leistungsäquivalenten, kapitalstrukturerhaltenden Nettosubstanzerhaltung auszugehen ist und dass die Pflicht zur Substanzerhaltung im Rahmen der Entgeltkalkulation am besten durch eine anteilig tageswertorientierte Kalkulation berücksichtigt wird. Sowohl der Kalkulationsleitfaden in der Anlage zur Verbändevereinbarung Strom II plus als auch der Kalkulationsleitfaden in der Anlage zur Verbändevereinbarung Erdgas II sehen ein entsprechendes Kalkulationsschema vor.

Die Orientierung am Prinzip der Nettosubstanzerhaltung harmoniert mit den Zielen des neugefassten Energiewirtschaftsgesetzes und wird voraussichtlich auch in Zukunft beibehalten. Im Folgenden wird daher der Eigenkapitalkostensatz hergeleitet, der im Rahmen einer anteilig tageswertorientierten Kalkulation anzusetzen ist. Konkret wird davon ausgegangen, dass alle wesentlichen Kostenarten außer den Abschreibungen und den Kapitalkosten als pagatorische Kosten auf der Basis von Anschaffungspreisen bestimmt werden. Die Abschreibungen werden nach Maßgabe des Fremdfinanzierungsanteils auf Anschaffungswerte und nach Maßgabe des Eigenfinanzierungsanteils auf Tagesneuwerte bezogen. Bei der Berechnung der Abschreibungen wird die betriebsgewöhnliche Nutzungsdauer zugrundegelegt. Bezüglich des Abschreibungsverfahrens ist im vorliegenden Zusammenhang zweckmäßigerweise von linearen Abschreibungen auszugehen, womit die Annahme einer stetigen Abnahme des Nutzungspotentials der betreffenden Anlagen verbunden ist.

---

[2] Siehe insbesondere *Swoboda* (1973); *Männel* (1996); *Seicht* (1996); *Swoboda* (1996); *Sieben/Diedrich/Price Waterhouse* (1996); *Zimmermann* (1997); *Sieben/Maltry* (2002); *Sieben/Maltry* (2003).

2. Rahmenbedingungen, konzeptionelle Grundlagen und Annahmen

Fremdkapitalkosten werden im Rahmen des zugrunde gelegten Kalkulationsschemas pagatorisch auf der Grundlage der Fremdkapitalzinsen bestimmt. Die Eigenkapitalkosten ergeben sich als Produkt aus dem betriebsnotwendigen Eigenkapital und dem Eigenkapitalkostensatz. Das betriebsnotwendige Eigenkapital entspricht dem Restwert des betriebsnotwendigen Anlagevermögens zuzüglich des Umlaufvermögens, vermindert um das Abzugskapital und das verzinsliche Fremdkapital. Der Restwert des planmäßig abgeschriebenen Anlagevermögens wird nach Maßgabe des auf 40 % beschränkten Eigenfinanzierungsanteils als Tagesrestwert, nach Maßgabe des Fremdfinanzierungsanteils als Anschaffungsrestwert bestimmt. Das nicht planmäßig abgeschriebene Anlagevermögen (in erster Linie Grundstücke) wird ebenso wie das Umlaufvermögen mit Anschaffungswerten angesetzt. Als Eigenkapitalkostensatz kommt ein realer Verzinsungsmaßstab zur Anwendung, der ausgehend von dem nominalen Eigenkapitalkostensatz durch Vornahme eines Preissteigerungsabschlags ermittelt wird. Der Eigenfinanzierungsanteil entspricht dem Verhältnis von betriebsnotwendigem Eigenkapital zu betriebsnotwendigem Vermögen, wobei jeweils durchgängig von einer Bewertung des Anlagevermögens auf der Basis von Anschaffungswerten ausgegangen wird.

Die Kalkulation von Netzzugangsentgelten nach den skizzierten Grundsätzen stellt bei korrekter Bemessung des Preissteigerungsabschlags sicher, dass das investierte Eigenkapital eine interne Verzinsung in Höhe des zugrunde gelegten nominalen Eigenkapitalkostensatzes erzielt. Soll diese Verzinsung gerade der Rendite einer vergleichbaren alternativen Kapitalmarktanlage entsprechen, so ist der nominale Eigenkapitalkostensatz in Höhe dieser Rendite festzulegen. Als Alternativanlage wird dabei im Folgenden grundsätzlich die Anlage in Aktien am deutschen Kapitalmarkt angesehen. An einigen Stellen erweist es sich als zweckmäßig, darüber hinaus auch den europäischen Kapitalmarkt in die Betrachtung einzubeziehen und Vergleiche mit anderen nationalen Kapitalmärkten anzustellen. Die zum Maßstab für den nominalen Eigenkapitalkostensatz herangezogene Rendite misst die Verzinsung des investierten Eigenkapitals auf der Grundlage der Zahlungen, die an den Investor fließen. Unternehmenssteuern – Gewerbesteuer und Körperschaftsteuer (ggf. zuzüglich Solidaritätszuschlag) – haben diese Zahlungen bereits vermindert. Folglich spiegelt der nominale Eigenkapitalkostensatz eine Renditegröße nach Unternehmenssteuern wider. Dies erfordert es, die Unternehmenssteuern im Rahmen der Kalkulation an anderer Stelle zu berücksichtigen.[3] Unterbleibt dies, so

---

[3] Nach dem Wegfall des Anrechnungsverfahrens stellt die vom Unternehmen gezahlte Körperschaftsteuer aus der Sicht des Eigenkapitalgebers ebenso wie die Gewerbesteuer eine definitive Belastung dar, die zu einer Verminderung der Rendite seines Engagements führt. Dem können auch nicht etwaige Vorteile aus dem Halbeinkünfteverfahren entgegengehalten werden, da auch die Einkünfte aus der Alternativan-

2. Rahmenbedingungen, konzeptionelle Grundlagen und Annahmen

ist der bei der Berechnung der Eigenkapitalkosten verwendete kalkulatorische Zinssatz so weit zu erhöhen, dass nach Unternehmenssteuern eine Verzinsung in Höhe des im Folgenden bestimmten nominalen Eigenkapitalkostensatzes erreicht wird.

Anders als bisher vorausgesetzt wurden die Netzzugangsentgelte von Endverteilern in der Vergangenheit vom Grundsatz her nicht unternehmensindividuell, sondern unternehmensübergreifend im Wege der Durchschnittsbildung ermittelt (abgeschwächtes Durchschnittswertprinzip). Bei einer solchen Regelung gewährleisten die kalkulierten Entgelte eine interne Verzinsung des investierten Eigenkapitals in Höhe des nominalen Eigenkapitalkostensatzes zwar im Durchschnitt, aber nicht in jedem Einzelfall. Für den einzelnen Gasnetzbetreiber ergeben sich aus dem Durchschnittswertprinzip Anreize zugunsten einer rationellen Betriebsführung; gleichzeitig werden den Eigenkapitalgebern Risiken aufgebürdet, die im Eigenkapitalkostensatz entgolten werden müssen. Der Zusammenhang zwischen Anreizen und Risiko ist keine Besonderheit der Verbändevereinbarung Erdgas II, er ist generell zu beachten, also z.B. auch im Fall von Anreizsystemen, die mit Price oder Revenue Caps arbeiten, bei sogenannter Yardstick Competition oder bei Anreizsystemen auf der Basis von Kennzahlen. Welches Anreizsystem mit der kostenorientierten Bestimmung der Netzzugangsentgelte künftig verbunden wird, ist derzeit noch unbekannt. Zum Zweck der Bemessung des damit einhergehenden Risikos wird prototypisch davon ausgegangen, dass die Netzzugangsentgelte als Mittelwert der durchschnittlichen Kosten strukturell nicht zu unterschiedlicher Netzbetreiber bestimmt werden. Die Ergebnisse behalten Gültigkeit, wenn andere Anreizsysteme installiert werden, die den Eigenkapitalgebern von Gasnetzbetreibern ein vergleichbares Risiko aufbürden.

Es ist darauf hinzuweisen, dass mit dem künftig eingerichteten Anreizsystem gegebenenfalls auch höhere Risiken verbunden sein können. In diesem Fall muss der im Weiteren bestimmte Risikozuschlag entsprechend erhöht werden.

lage dem Halbeinkünfteverfahren unterliegen. In den Verlautbarungen des Berufsstands der Wirtschaftsprüfer zur Unternehmensbewertung wurde dies bereits entsprechend umgesetzt; siehe Institut der Wirtschaftsprüfer (2000), S. 829.

3.
Zur Bestimmung und zur Höhe des Basiszinssatzes

3.1 Funktion des Basiszinssatzes und Methodik seiner Bestimmung

Wie erläutert ist der nominale Eigenkapitalkostensatz in Höhe der Rendite einer vergleichbaren Alternativanlage am Kapitalmarkt festzulegen. Die Vergleichbarkeit muss sich dabei insbesondere auf zwei Aspekte beziehen: auf den Anlagezeitraum und auf das mit der Anlage verbundene Risiko. Die Bestimmung des nominalen Eigenkapitalkostensatzes erfolgt dementsprechend in zwei Schritten: Im ersten Schritt wird die Verzinsung einer quasisicheren Anlage mit vergleichbarer Laufzeit am Kapitalmarkt bestimmt, der sogenannte Basiszinssatz. Zur Herstellung der Vergleichbarkeit im Hinblick auf das Risiko wird der Basiszinssatz im zweiten Schritt an das Risiko angepasst, das mit der Investition in Gasverteilernetze einhergeht. Die Funktion des im ersten Schritt bestimmten Basiszinssatz besteht demnach darin, diejenige quasisichere Verzinsung wiederzugeben, die der Eigenkapitalgeber alternativ bei einer Anlage über einen Zeitraum erzielen könnte, der der Laufzeit von Investitionen in Gasverteilernetze entspricht. Die Bestimmung des Basiszinssatzes setzt an begründeten Erwartungen von Eigenkapitalgebern an; eine feststehende Methode zur Bestimmung des Basiszinssatzes existiert nicht.

Als quasisichere Anlage am Kapitalmarkt werden üblicherweise festverzinsliche Wertpapiere der öffentlichen Hand, insbesondere börsennotierte Bundeswertpapiere, angesehen. Sowohl in der Investitionsrechnung als auch bei der Unternehmensbewertung ist es üblich, den Basiszinssatz auf der Grundlage der Renditen solcher Wertpapiere zu bestimmen; dieser Vorgehensweise wird auch hier gefolgt. Bezüglich der Laufzeit von Investitionen in Gasverteilernetze ist zweckmäßigerweise von der betriebsgewöhnlichen Nutzungsdauer der Investitionsgüter auszugehen, die dem Kalkulationsleitfaden in der Anlage zur Verbändevereinbarung Erdgas II zu entnehmen ist. Ausschlaggebend für den extrem langen Investitionszyklus sind vor allem die Rohrleitungen, die einen Großteil des Anlagevermögens ausmachen und deren Nutzungsdauer 45 bis 65 Jahre beträgt.

Ein Problem bei der Bestimmung des Basiszinssatzes resultiert aus der Tatsache, dass am deutschen Kapitalmarkt keine festverzinslichen Wertpapiere der öffentlichen Hand mit entsprechend langer Restlaufzeit gehandelt werden. Da nämlich bei normaler Zinsstruktur die erzielbare Rendite mit dem Anlagezeitraum steigt, besteht die bestmögliche Alternative zu einer Investition in ein Gasverteilernetz im Regelfall nicht in einer wiederholten kurzfristigen Anlage am Kapitalmarkt, sondern in einer Anlage mit möglichst ebenso langer Laufzeit wie die betrachtete Investition. Die unreflektierte Übernahme der aktuell zu erzielenden Rendite etwa einer Bundesanleihe mit zehnjähriger Restlaufzeit als Basiszinssatz ist schon aus diesem Grund inadäquat. Stattdessen muss von der unter Berücksichtigung von Wiederanlagen über die gesamte Investitionslaufzeit hinweg erzielbaren quasisicheren Verzinsung ausgegangen werden.

Prototypisch tritt das aufgezeigte Problem bei Unternehmensbewertungen auf. Üblicherweise wird in diesem Zusammenhang so vorgegangen, dass die Schätzung des Basiszinssatzes am Stichtagszins ansetzt und diesen nach Maßgabe des für die Wiederanlagezeitpunkte angenommenen Zinsniveaus modifiziert. Alternativ wird vorgeschlagen, mit periodenspezifischen Zinssätzen zu arbeiten. Die in jedem Fall erforderliche Prognose des Wiederanlagezinssatzes stützt sich in aller Regel auf historische Renditezeitreihen. Ausgehend von der Annahme, dass die quasisichere Verzinsung im Zeitablauf um ein konstantes Niveau schwankt, wird der Wiederanlagezinssatz auf der Basis des arithmetischen Mittelwertes historischer Renditen bestimmt.[4] Die Begründung dafür ist, dass es sich bei dem arithmetischen Mittelwert um einen erwartungstreuen Schätzer der zugrundeliegenden Renditeverteilung handelt. Natürlich sind bei der Schätzung des Basiszinssatzes auch fundamentale Faktoren im Hinblick auf das allgemeine Zinsniveau zu beachten (z.B. langfristige Inflationserwartungen).

Diese bei der Unternehmensbewertung und in Bezug auf einzelne Investitionsprojekte schlüssige Vorgehensweise kann auf den vorliegenden Zusammenhang nicht eins zu eins übertragen werden. Denn es ist zu berücksichtigen, dass der nominale Eigenkapitalkostensatz die angemessene Verzinsung einer Vielzahl von Investitionsprojekten mit unterschiedlichem Investitionszeitpunkt widerspiegeln soll. Der Investor, der zu einem bestimmten Zeitpunkt in ein Gasverteilernetz investiert, muss vom Prinzip her darauf vertrauen können, dass der annahmegemäß quasisichere Teil seiner Verzinsung nicht zu einem späteren Zeitpunkt im Wege der Anpassung des Basiszinssatzes an aktuelle Verhältnisse verändert wird; könnte er dies nicht, würde er einen Renditezuschlag für die Übernahme von Zinsänderungsrisiko verlangen. Folglich ist nicht nur eine Festlegung des Basiszinssatzes in Höhe aktuell erzielbarer Kapitalmarktzinsen, sondern auch eine Privilegierung des aktuellen Zinsniveaus (wie bei der Unternehmensbewertung) abzulehnen. Stattdessen ist der Basiszinssatz idealtypisch

---

[4] Hierzu und zum Folgenden vgl. z.B. *Dimson/Marsh/Staunton* (2003), S. 34-35; *Hachmeister* (2000), S. 181.

3. Bestimmung und Höhe des Basiszinssatzes

als gewogenes Mittel der zu den verschiedenen Investitionszeitpunkten erzielbaren laufzeitäquivalenten quasisicheren Verzinsung zu ermitteln. Die Gewichtung muss sich dabei an den Restwerten der jeweiligen Investitionsgüter orientieren, weil diese das noch gebundene Eigenkapital widerspiegeln. Infolgedessen nimmt die Bedeutung weiter zurückliegender Investitionszeitpunkte im Zeitablauf deutlich ab.

Gegen die damit erläuterten Bestimmungsgründe des Basiszinssatzes könnte eingewendet werden, dass der Eigenkapitalgeber ja die Möglichkeit habe, seine Eigenfinanzierungstitel am Kapitalmarkt zu veräußern. Insofern sei das Engagement des Eigenkapitalgebers möglicherweise sehr viel kurzfristiger angelegt als die Investition in Gasverteilernetze. Eine solche Argumentation verkennt jedoch den realwirtschaftlichen Hintergrund der Betrachtung. Es gilt eben nicht, über den Erwerb der Eigenfinanzierungstitel eines Gasnetzbetreibers zu entscheiden, sondern über den Aufbau und den Erhalt von Gasverteilernetzen. Die damit zusammenhängenden Investitionen haben eine entsprechend langfristige Kapitalbindung zur Folge. Der Gasnetzbetreiber kann sie seinen Eigenkapitalgebern gegenüber nur vertreten, wenn die zu erzielende Rendite die Fristigkeit der Kapitalbindung berücksichtigt. Wäre dies nicht der Fall, würde kein Eigenkapital für Investitionen in Gasverteilernetze bereitgestellt.

3.2 Empirische Untersuchungen zu langfristigen Kapitalmarktzinsen

Die aufgezeigten Zusammenhänge legen eine Abschätzung des Basiszinssatzes auf der Grundlage von Renditezeitreihen nahe, die sich über einen der durchschnittlichen Nutzungsdauer des Anlagevermögens von Gasnetzbetreibern entsprechend weit zurückreichenden Zeitraum erstrecken. Das Augenmerk ist dabei auf Renditen für quasisichere Anlagemöglichkeiten mit möglichst langer Restlaufzeit zu richten, um dem Kriterium der Laufzeitäquivalenz möglichst gut gerecht zu werden. Entsprechend weit zurückreichende Zeitreihen zur Rendite von Anleihen der öffentlichen Hand oder von Bundeswertpapieren mit langer Restlaufzeit stehen jedoch nicht zur Verfügung: 30-jährige Bundesanleihen als diejenigen quasisicheren festverzinslichen Wertpapiere, die von ihrer Laufzeit her der Nutzungsdauer der betrachteten Investitionsgüter am nächsten kommen, wurden erstmals 1986, regelmäßig erst ab 1997 begeben.

In Bezug auf die Renditen quasisicherer Wertpapiere mit kürzerer Restlaufzeit steht mit der im Internet zugänglichen Zeitreihendatenbank der Deutschen Bundesbank eine gute Datengrundlage zur Verfügung. Die dort für die Jahre 1964 bis 2003 angeführten Umlaufrenditen von Anleihen der öffentlichen Hand und börsennotierter Bundeswertpapiere sind in Anlage 1 wiedergegeben. Die arithmetischen Mittelwerte über verschiedene Betrachtungszeiträume gibt folgende Tabelle wieder:

Arithmetisches Mittel über die letzten	Anleihen der öffentlichen Hand	Börsennotierte Bundeswertpapiere
40 Jahre	7,0 %	6,9 %
30 Jahre	6,8 %	6,8 %
20 Jahre	6,1 %	6,1 %
10 Jahre	5,1 %	5,1 %

Der Vollständigkeit halber sei angemerkt, dass die Verwendung geometrischer Mittelwerte zu nahezu den gleichen Ergebnissen führt.

Die der Literatur zu entnehmenden Untersuchungen zur Entwicklung der Kapitalmarktzinsen am deutschen Kapitalmarkt führen zu ähnlichen Ergebnissen:[5]

Autoren	Anlageform	Untersuchungszeitraum	Durchschnittliche Verzinsung
Uhlir/Steiner[6]	Obligationen	1953 – 1988	7,9 %
Bimberg[7]	Bundesanleihen	1954 – 1988	6,8 %
Morawietz[8]	Umlaufrendite festverzinsliche Wertpapiere	1950 – 1992	7,5 %
Stehle[9]	Bundeswertpapiere	1967 – 1998	7,8 %
Gerke[10]	Umlaufrendite festverzinsliche Wertpapiere	1962 – 2002	7,2 %

Angegeben sind auch hier jeweils arithmetische Mittelwerte.

---

[5] Siehe auch die Übersichten in *Baetge/Krause* (1994), S. 452; *Widmann/Schieszl/Jeromin* (2003), S. 800-803; *Drukarczyk* (2003), S. 366.
[6] Vgl. *Uhlir/Steiner* (1994), S. 161.
[7] Vgl. *Bimberg* (1991), S. 104.
[8] Vgl. *Morawietz* (1994), S. 188.
[9] Vgl. *Stehle* (1999), S. 21.
[10] Vgl. *Gerke* (2003), S. 26.

3.3 Bemessung des Basiszinssatzes

Bei der Bemessung des Basiszinssatzes vor dem Hintergrund der angestellten Überlegungen und auf der Grundlage der angeführten Untersuchungen ist zu beachten, dass das Kriterium der Laufzeitäquivalenz bei keiner der betrachteten Anlagemöglichkeiten auch nur annähernd erfüllt ist. Die herangezogenen Renditezeitreihen der Deutschen Bundesbank beziehen sich auf Umlaufrenditen von Wertpapieren mit unterschiedlicher, im Vergleich zu der Laufzeit der betrachteten Investitionen aber jedenfalls sehr viel geringerer Restlaufzeit. Bei normaler Zinsstruktur steigt die Rendite mit der Restlaufzeit, so dass die angegebenen Durchschnittsrenditen tendenziell zu gering ausfallen. Der Renditevorsprung von Bundesanleihen mit einer 30-jährigen Restlaufzeit im Vergleich zu Bundesanleihen mit einer 5-jährigen Restlaufzeit z.B. belief sich im März 2004 auf ca. 1,4 %-Punkte.[11] Die Höhe dieses Renditevorsprungs muss allerdings angesichts des momentan niedrigen Zinsniveaus relativiert werden.

Ein weiterer Aspekt, der bei der Bemessung des Basiszinssatzes berücksichtigt werden muss, ist der kontinuierliche Rückgang des Zinsniveaus in den letzten Jahrzehnten. Betrachtet man die Entwicklung genauer, so zeigt sich, dass im Wesentlichen die nominalen Kapitalmarktzinsen, nicht aber die realen Kapitalmarktzinsen tendenziell rückläufig waren.[12] Unterstellt man einen weiterhin nur geringen Preisauftrieb, so könnte dies als Indiz für einen dauerhaften Rückgang der Kapitalmarktzinsen gewertet werden. Zu berücksichtigen ist ferner, dass in der jüngeren Vergangenheit nun auch der reale Kapitalmarktzins gegenüber seinem langjährigen Durchschnitt deutlich zurückgefallen ist. Dies spricht dafür, die aktuell extrem niedrigen Kapitalmarktzinsen als Ausnahmeerscheinung zu werten.

Wie erläutert ist der aktuellen Zinssituation keine entscheidende Bedeutung bei der Abschätzung des Basiszinssatzes einzuräumen. Denn erstens erfordert die Bestimmung der laufzeitäquivalenten quasisicheren Verzinsung eine Prognose der im Wiederanlagezeitpunkt erzielbaren Verzinsung, die zweckmäßigerweise an der historischen Zinsentwicklung ansetzt. Und zweitens ist zu berücksichtigen, dass sich der nominale Eigenkapitalkostensatz auf Investitionen zu verschiedenen Zeitpunkten bezieht. Zu berücksichtigen ist aber auch, dass bei einer Zugrundelegung des arithmetischen Mittelwertes der Umlaufrendite von Anleihen der öffentlichen Hand über die letzten vierzig Jahre der in den letzten Jahrzehnten verzeichnete Rückgang der nominalen Kapitalmarktzinsen keine adäquate Berücksichtigung fände. Aus diesem Grund wird die im Mittel über die letzten zwanzig Jahre verzeichnete Umlaufrendite herangezogen und eine Anpassung in

---

[11] Siehe Laufzeiten und tägliche Rendite börsennotierter Emissionen, abrufbar im Internet unter http://www.deutsche-finanzagentur.de im März 2004.
[12] Vgl. *Widmann/Schieszl/Jeromin* (2003), S. 802-803.

Form eines Zuschlags von 0,4 %-Punkten im Hinblick auf die zu fordernde Laufzeitäquivalenz vorgenommen. Der nominale Basiszinssatz beläuft sich damit auf 6,5 %.

4. Zur Bestimmung und zur Höhe des Risikozuschlags

4.1 Funktion des Risikozuschlags und Methodik seiner Bestimmung

Der im letzten Abschnitt bestimmte Basiszinssatz spiegelt die Rendite einer Alternative zur Investition in Gasverteilernetze wieder, die zwar hinsichtlich der Anlagelaufzeit, nicht aber hinsichtlich des Anlagerisikos vergleichbar ist. Folglich muss der Basiszinssatz zu einer risikoangepassten Verzinsung weiterentwickelt werden, wobei auf die spezifischen Risiken einer Investition in Gasverteilernetze Bezug zu nehmen ist. Dies ist notwendig, weil der Investor zur Übernahme dieser Risiken nur bereit sein wird, wenn er ein angemessenes Entgelt hierfür erwarten darf. Dieses Entgelt kommt in dem gesuchten Risikozuschlag zum Basiszinssatz zum Ausdruck.

In Bezug auf die Ermittlung risikoangepasster Eigenkapitalkostensätze hat sich in den letzten Jahrzehnten eine Vorgehensweise durchgesetzt, die auf dem Capital Asset Pricing Model (im Folgenden CAPM) basiert und die auch für den vorliegenden Zusammenhang als zielführend erachtet wird. Die Grundlagen des CAPM werden in der Literatur zur Finanzierungs- und Kapitalmarkttheorie ausführlich erörtert und brauchen deshalb hier nicht im Detail behandelt zu werden.[13] Es handelt sich um ein Erklärungsmodell, das die Preisbildung am Kapitalmarkt auf die Renditeerwartungen von Anlegern zurückführt. Die postulierten Zusammenhänge erlauben es, die Determinanten dieser Renditeerwartungen auf Modellebene zu identifizieren. Im Zentrum der Betrachtung steht die sogenannte Wertpapiermarktlinie:

$$\mu_i = r_f + (\mu_M - r_f) \cdot \beta_i$$

Die zu einem bestimmten Zeitpunkt erwartete Rendite μ_i eines am Kapitalmarkt handelbaren Wertpapiers i ergibt sich demnach aus der risikolosen Verzinsung r_f zuzüglich eines Risikozuschlags, der als Produkt aus der Marktrisikoprämie $\mu_M - r_f$ und des Betafaktors β_i bestimmt wird. μ_M

---

[13] Siehe z.B. *Brealey/Myers* (1996), 173-188; *Franke/Hax* (1999), S. 377-380; *Ross/Westerfield/Jaffe* (1999), S. 229-263; *Sharpe/Alexander/Bailey* (1999), S. 227-238; *Steiner/Bruns* (1998), S. 21-36.

bezeichnet die erwartete Rendite des Marktportefeuilles als des Inbegriffs aller Kapitalanlagemöglichkeiten, der Betafaktor β_i entspricht dem Quotienten der Kovarianz der Renditen des betrachteten Wertpapiers und des Marktportefeuilles sowie der Varianz der Rendite des Marktportefeuilles. Er misst die Volatilität der Rendite des betrachteten Wertpapiers in Relation zur Rendite des Marktportefeuilles und spiegelt das nicht durch Diversifikation zu beseitigende, sogenannte systematische Risiko einer Anlage in das Wertpapier wider. Trotz der weiten Verbreitung und der häufig unkritischen Bezugnahme auf das CAPM handelt es sich bei der Wertpapiermarktlinie keineswegs um einen empirisch gesicherten Zusammenhang. Zwar gilt als weitgehend gesichert, dass die Übernahme von Risiko durch eine höhere erwartete Rendite entgolten wird,[14] empirische Untersuchungen zur Erklärungskraft des CAPM kamen aber zu durchaus uneinheitlichen Ergebnissen.[15]

Die Zugrundelegung des CAPM bei der Bestimmung von Kapitalkostensätzen im Allgemeinen beruht auf der Idee, dass ein Investor nur bereit sein wird, Kapital einzusetzen, wenn die im Investitionszeitpunkt zu erwartende Rendite mindestens derjenigen entspricht, die auch bei einer risikoäquivalenten Anlage am Kapitalmarkt erwartet wird. Die Vorgehensweise bei der Bestimmung des Risikozuschlags zur quasisicheren Verzinsung r_f ist entsprechend dem durch die Wertpapiermarktlinie dargestellten Zusammenhang zweistufig: im ersten Schritt wird die Marktrisikoprämie bestimmt, im zweiten Schritt der Betafaktor als Maß für das mit der Investition verbundene systematische Risiko. Zur operationalen Bestimmung des Betafaktors wird in der Regel das sogenannte Marktmodell herangezogen.[16] In der gebräuchlichsten Formulierung postuliert dieses Modell folgenden Zusammenhang zwischen der Rendite $r_{i,t}$ der Anlage i und der Marktrendite $r_{M,t}$ in der Periode t:

$$r_{i,t} = \alpha_i + \beta_i \cdot r_{M,t} + \varepsilon_{i,t}$$

α_i bezeichnet den von der Marktrendite unabhängigen Teil der Rendite der Anlage i; $\varepsilon_{i,t}$ ist eine zufällige Störgröße mit Erwartungswert Null. Die im Wege der Regressionsanalyse bestimmte Sensitivität β_i stimmt mit dem Betafaktor des CAPM überein, wenn gewisse Voraussetzungen bezüglich der Verteilung der Renditen im Zeitablauf erfüllt sind.[17] Aus der Zu-

---

[14] Siehe dazu die unten angeführten Untersuchungen zur Marktrisikoprämie.
[15] Die empirischen Untersuchungen zum CAPM und zur Relevanz von Betafaktoren stellt *Zimmermann* (1997), S. 39-48, dar. Siehe auch *Becker* (2000), S. 26-31.
[16] Siehe dazu die unter Fußnote 13 angegebene Literatur; insbesondere *Sharpe/Alexander/Bailey* (1999), S. 181-190.
[17] Zur Kompatibilität von Marktmodell und CAPM siehe *Zimmermann* (1997), S. 21-23.

4.2 Bestimmung der Marktrisikoprämie

sammenführung der Marktrisikoprämie und des Betafaktors resultiert der Renditezuschlag, der am Kapitalmarkt für eine Anlage mit entsprechendem Risiko erwartet wird.

4.2 Bestimmung der Marktrisikoprämie

Im Folgenden wird zunächst die Marktrisikoprämie als Differenz der im jeweiligen Investitionszeitpunkt erwarteten Rendite des Marktportefeuilles (im Folgenden Marktrendite) und der quasisicheren Verzinsung bestimmt. Da sich die Gesamtheit aller Anlagemöglichkeiten am Kapitalmarkt einer Betrachtung entzieht, ist das Marktportefeuille durch ein geeignetes Portefeuille unsicherer Anlagemöglichkeiten zu approximieren. Üblicherweise wird dabei auf Aktienportefeuilles Bezug genommen, die Marktrendite wird durch eine auf dieser Grundlage bestimmte Aktienrendite angenähert.

Die Schätzung der im Investitionszeitpunkt zu erwartenden Marktrendite baut aus den gleichen Gründen wie die Prognose des Wiederanlagezinssatzes bei der Bestimmung der laufzeitäquivalenten quasisicheren Verzinsung auf dem arithmetischen Mittel historischer Aktienrenditen auf.[18] Aufgrund der bei Aktienrenditen auftretenden Diskrepanz zwischen arithmetischem und geometrischem Mittelwert wurde in der Vergangenheit des öfteren die Frage diskutiert, ob nicht anstelle des arithmetischen ein geometrischer Mittelwert heranzuziehen sei. Der geometrische Mittelwert spiegelt die Verzinsung wider, die in der Vergangenheit über einen längeren Zeitraum hinweg hätte realisiert werden können. Ausschlaggebend ist aber die aus der Sicht des Investitionszeitpunktes für die Zukunft pro Periode erwartete Marktrendite. Als Ausgangspunkt für die Schätzung dieser Rendite ist das arithmetische Mittel aufgrund des angenommenen statistischen Zusammenhangs besser geeignet. Das geometrische Mittel spielt – wie zu berücksichtigen sein wird – ebenfalls eine wichtige, im Vergleich zum arithmetischen Mittel aber nachgelagerte Rolle.

Um die Schätzung des Basiszinssatzes und der Marktrisikoprämie auf eine einheitliche Datengrundlage zu stellen, sind entsprechend lange Zeitreihen zu betrachten. Dabei kann auf eine Reihe von Untersuchungen zu den historischen Aktienrenditen am deutschen Kapitalmarkt zurückgegriffen werden, über deren Ergebnisse die nachfolgende Tabelle Auskunft gibt:[19]

---

[18] Hierzu und zum Folgenden vgl. *Copeland/Koller/Murrin* (2002), S. 269-271; *Drukarczyk* (2003), S. 388-392; *Dimson/Marsh/Staunton* (2003), S. 34-35. Siehe auch *Hachmeister* (2000), S. 181.

[19] Vergleichbare Übersichten finden sich auch in anderen Quellen. Siehe *Baetge/Krause* (1994), S. 452; *Widmann/Schieszl/Jeromin* (2003), S. 805.

Autoren	Periode	Arithmetisches Mittel der Aktienrendite
Uhlir/Steiner[20]	1953 – 1988	14,4 %
Stehle/Hartmond[21]	1954 – 1988	15,3 %
Conen/Väth[22]	1949 – 1992	16,6 %
Morawietz[23]	1950 – 1992	14,6 %
Bimberg[24]	1954 – 1988	15,0 %
Stehle[25]	1967 – 1998	14,5 %

Für die letzte Dekade werden geringere Aktienrenditen ermittelt. So berechnet Gerke das arithmetische Mittel der Indexrendite des CDAX Performance 1992 bis 2001 mit 11,94 %, bei Hinzunahme des ersten Halbjahres 2002 mit 10,7 %.[26] Hier zeigt sich, dass extreme Entwicklungen wie das Platzen der Technologieblase in den Jahren 2000 bis 2002 bei Zugrundelegung relativ kurzer Betrachtungszeiträume überproportionale Auswirkungen auf das arithmetische Mittel der historischen Aktienrendite besitzen.[27]

Bei der Schätzung der im Investitionszeitpunkt erwarteten Marktrendite auf der Basis historischer Aktienrenditen ist zu berücksichtigen, dass extreme Renditeausschläge in der Regel auf überraschende, nicht vorhersehbare und für die Erwartungen von Investoren weniger bedeutsame Entwicklungen zurückzuführen sind. Aus diesem Grund wäre es vom Prinzip her wünschenswert, die betrachteten Zeitreihen vor der Bestimmung des arithmetischen Mittelwertes um den Einfluss überraschender Ereignisse zu bereinigen. Hierfür spricht auch, dass die historischen Aktienrenditen in Deutschland eine im internationalen Vergleich sehr hohe Streuung aufweisen.[28] Im Ergebnis führt eine solche Bereinigung zu einer Annäherung des arithmetischen und des geometrischen Mittelwertes der historischen Aktienrenditen. Diese Überlegung spricht dafür, neben dem arithmetischen

---

[20] Vgl. *Uhlir/Steiner* (1994), S. 161.
[21] Vgl. *Stehle/Hartmond* (1991), S. 390.
[22] Vgl. *Conen/Väth* (1993), S. 643.
[23] Vgl. *Morawietz* (1994), S. 176.
[24] Vgl. *Bimberg* (1991), S. 96.
[25] Vgl. *Stehle* (1999), S. 20.
[26] Vgl. *Gerke* (2003), S. 38-39.
[27] Vgl. *Copeland/Koller/Murrin* (2002), S. 267-268.
[28] Hierzu und zum Folgenden vgl. *Dimson/Marsh/Staunton* (2003), S. 31.

4. Bestimmung und Höhe des Risikozuschlags

Mittel der historischen Aktienrendite auch deren geometrisches Mittel zu berücksichtigen.[29] Einen Überblick über das geometrische Mittel historischer Aktienrenditen am deutschen Kapitalmarkt gibt folgende Tabelle: [30]

Autoren	Periode	Geometrisches Mittel der Aktienrendite
Bimberg[31]	1954 - 1988	11,2 %
Baetge/Krause[32]	1967 - 1991	10,4 %
Conen/Väth[33]	1949 - 1992	12,9 %
Morawietz[34]	1950 - 1992	11,8 %

Das geometrische Mittel der jährlichen Indexrendite des CDAX Performance im Zeitraum 1992 bis 2001 stellt sich auf 9,96 %.[35] Wie beim arithmetischen Mittel ist auch hier eine Verringerung der mittleren historischen Aktienrendite zu verzeichnen.

Von Interesse für die Schätzung der im Investitionszeitpunkt erwarteten Marktrisikoprämie ist des Weiteren, wie sich die in Deutschland in der Vergangenheit verzeichneten Marktrisikoprämien im internationalen Vergleich darstellen. Aufschlussreich in dieser Hinsicht ist eine kürzlich vorgelegte, international angelegte Untersuchung zu historischen Marktrisikoprämien im Zeitraum 1900 bis 2002.[36] Die Ergebnisse dieser Untersuchung sind in Anlage 2 wiedergegeben. In der graphischen Darstellung stellen sie sich wie folgt dar:

---

[29] Siehe *Drukarczyk* (2003), S. 388-392; *Copeland/Koller/Murrin* (2002), S. 269-271.
[30] Vergleichbare Übersichten finden sich auch in *Baetge/Krause* (1994), S. 452; *Widmann/Schieszl/Jeromin* (2003), S. 805.
[31] Vgl. *Bimberg* (1991), S. 96.
[32] Vgl. *Baetge/Krause* (1994), S. 452.
[33] Vgl. *Conen/Väth* (1993), S. 643.
[34] Vgl. *Morawietz* (1994), S. 176.
[35] Eigene Berechnung auf der Grundlage von Daten der Reuters AG.
[36] Siehe *Dimson/Marsh/Staunton* (2003).

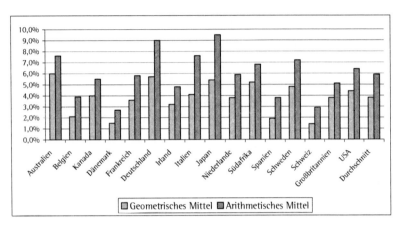

Die Übersicht macht deutlich, dass in Deutschland in der Vergangenheit ausnehmend hohe Marktrisikoprämien verzeichnet wurden.[37] Auffällig ist auch die Diskrepanz zwischen dem arithmetischen und dem geometrischen Mittelwert, die mit der vergleichsweise hohen Streuung der historischen Aktienrenditen zusammenhängt. Im internationalen Durchschnitt beläuft sich das arithmetische Mittel der historischen Marktrisikoprämie auf 5,9%-Punkte, das geometrische Mittel auf 3,8 %-Punkte.

Gegen eine allzu enge Orientierung an historischen Aktienrenditen und Marktrisikoprämien spricht schließlich die Tatsache, dass in die jeweilige Stichprobe in aller Regel nur solche Unternehmen einbezogen werden, die im Betrachtungszeitraum „überlebt" haben.[38] Hieraus resultiert eine systematische Verzerrung der historischen Aktienrenditen mit der Folge einer Überschätzung der jeweils erzielten Marktrisikoprämien. Dieser als Survivorship Bias bezeichnete Effekt liefert eine plausible Erklärung für das sogenannte Equity Premium Puzzle, nach dem sich die insbesondere in den USA beobachteten historischen Marktrisikoprämien auf der Grundlage allgemeiner Gleichgewichtsmodelle nicht oder nur bei Zugrundelegung unrealistischer Annahmen bezüglich der Risikoaversion der Marktteilnehmer erklären lassen. Mit Bezug auf Unternehmensbewertungen wird wegen des Survivorship Bias ein Abschlag von durchschnittlichen historischen Akti-

---

[37] Die Übersicht wurde auf der Basis der in *Dimson/Marsh/Staunton* (2003), S. 31, angegebenen Werte erstellt. Bei der Interpretation ist zu beachten, dass die angegebenen Marktrisikoprämien nach Maßgabe der jeweils zugrundegelegten, durch die Rendite festverzinslicher Wertpapiere operationalisierten quasisicheren Verzinsung normiert wurden und deshalb im Vergleich zur Differenz zwischen Marktrendite und quasisicherer Verzinsung geringfügig vermindert sind.

[38] Hierzu und zum Folgenden siehe *Brown/Goetzmann/Ross* (1995); *Jorion/Goetzmann* (2003).

4. Bestimmung und Höhe des Risikozuschlags

enrenditen und Marktrisikoprämien empfohlen.[39] Aufgrund der analogen Problemstellung erscheint ein solches Vorgehen auch hier geboten. Die mit dem Basiszinssatz korrespondierende Marktrendite wird vor diesem Hintergrund wegen der vergleichsweise hohen Streuung der historischen Aktienrenditen und der in Deutschland außergewöhnlich hohen historischen Marktrisikoprämien ausgehend von dem arithmetischen Mittel deutlich an das der obigen Übersicht zu entnehmende geometrische Mittel der historischen Aktienrenditen angenähert und mit 11,0 % bis 11,5 % angesetzt. Die Marktrisikoprämie wird mit 4,5 % bis 5 %-Punkten geschätzt. Für die Plausibilität dieser Schätzung spricht die Tatsache, dass auch in der Literatur zur Unternehmensbewertung von einer Marktrisikoprämie in dieser Größenordnung ausgegangen wird.[40]

4.3 Der Betafaktor von Gasnetzbetreibern

4.3.1 Das Branchenbeta als Ausgangspunkt

Die Analyse des systematischen Risikos von Gasnetzbetreibern kann nicht an einschlägigen historischen Betafaktoren anknüpfen, weil am deutschen Kapitalmarkt keine Unternehmen notieren, die ausschließlich den Betrieb von Gasverteilernetzen zum Gegenstand haben. In der Regel werden die Eigenfinanzierungstitel von Gasnetzbetreibern überhaupt nicht am organisierten Kapitalmarkt gehandelt; Börsennotierungen liegen allenfalls für diversifizierte Unternehmen vor, die neben dem Betrieb von Gasverteilernetzen noch andere Aktivitäten verfolgen. Typischerweise handelt es sich um Versorger, als deren wichtigstes Geschäftsfeld die Elektrizitätsversorgung anzusehen ist.

Vor diesem Hintergrund wird der Betafaktor[41] von Gasnetzbetreibern im Folgenden in mehreren Schritten bestimmt. Im ersten Schritt wird untersucht, wie sich der Betafaktor eines typischen Versorgungsunternehmens in der Vergangenheit dargestellt hat. Dahinter steht die Annahme, dass Versorgungsunternehmen zwar keine einheitliche Risikosituation aufweisen, dass es aber im Wesentlichen die gleichen Faktoren sind, von denen das systematische Risiko der Versorgerbranche in mehr oder weniger großem Maße abhängt. Bei dem im Wege der Regressionsanalyse bestimmten historischen Branchenbeta handelt es sich um eine Schätzgröße für das

---

[39] Siehe *Copeland/Koller/Murrin* (2002), S. 271-272.
[40] Siehe *Copeland/Koller/Murrin* (2002), S. 272.
[41] Die im Folgenden untersuchten Betafaktoren beziehen sich durchgängig auf das Eigenkapital verschuldeter Unternehmen. Die damit korrespondierenden Betafaktoren der als unverschuldet angenommenen Unternehmen oder der Gesamtheit der Finanzierungstitel des Unternehmens (Asset Betas) fallen geringer aus.

systematische Risiko, dem Versorgungsunternehmen im Allgemeinen unterliegen.[42] Dieses Branchenbeta ist im Weiteren an die spezifischen Besonderheiten von Gasnetzbetreibern anzupassen. Darüber hinaus ist gegebenenfalls der Einfluss von Bewertungsanomalien zu berücksichtigen.

Zu dem Betafaktor der Versorgerbranche liegt eine Reihe von Untersuchungen vor. Einen Überblick gibt folgende Tabelle:

Autoren	Betrachtungszeitraum	Branchenindex	Basisindex	Renditeintervall	Betafaktor
Zimmermann[43]	1974-1991	DAFOX Versorgungsunternehmen	DAFOX[44]	Wochenrenditen	0,71
Thiele/ Cremers/ Robé[45]	1991-1998	DJ Euro Stoxx Utilities	DJ Euro Stoxx All Share	1-12 Monatsrenditen	0,79-0,90
Gerke[46]	1992-2001	DJ Euro Stoxx Utilities	DJ Euro Stoxx All Share	Wochenrenditen	0,722
Gerke[47]	1992-2001	CDAX Utilities	CDAX	Wochenrenditen	0,536

Die Untersuchungen unterscheiden sich im Hinblick auf die zur Repräsentation des Marktportefeuilles und der Branche herangezogenen Indizes. Den Untersuchungen von Zimmermann und Gerke liegen mit dem DAFOX und dem CDAX Indizes zugrunde, die im Hinblick auf die einbezogenen Unternehmen im Wesentlichen identisch sind. Bei den Untersuchungen, die auf dem DJ Euro Stoxx All Share aufbauen, ist zu beachten, dass dieser Index nicht den deutschen, sondern den europäischen Kapitalmarkt abbildet. Dementsprechend umfasst der Branchenindex europäische Versorgungsunternehmen, die unter anderen Bedingungen als deutsche Versorgungsunternehmen tätig sind. Bei der Interpretation der ermittelten Betafaktoren sind die hieraus resultierenden Unterschiede zu berücksichti-

---

[42] Zu den vielfältigen Variationsmöglichkeiten der Bestimmung historischer Betafaktoren siehe z.B. *Zimmermann* (1997), S. 79-208.

[43] Vgl. *Zimmermann* (1997), S. 322. Angegeben ist der Mittelwert der für die Jahre 1974 bis 1991 angegebenen Betafaktoren.

[44] Beim Deutschen Aktienforschungsindex DAFOX handelt es sich um einen Performance Index nach Laspeyres, der die an der Frankfurter Wertpapierbörse amtlich gehandelten deutschen Aktien enthält.

[45] Vgl. *Thiele/Cremers/Robé* (2000), S. 12.

[46] Vgl. *Gerke* (2003), S. 29.

[47] Vgl. *Gerke* (2003), S. 29.

4. Bestimmung und Höhe des Risikozuschlags

gen. Aus diesem Grund orientiert sich die Ableitung des Branchenbetas im Folgenden vordringlich am CDAX. Außer in Bezug auf den zugrundeliegenden Index unterscheiden sich die angegebenen Untersuchungen im Hinblick auf den Betrachtungszeitraum und das Renditeintervall. Das Renditeintervall gibt an, über welchen Zeitraum hinweg die realisierten Branchen- bzw. Marktrenditen als Grundlage der Bestimmung des Betafaktors berechnet wurden. Arbeitet man mit logarithmierten Renditen, so ist der resultierende Betafaktor unabhängig vom zugrundegelegten Renditeintervall, wenn die Branchen- und Marktrenditen im Zeitablauf jeweils unabhängig identisch verteilt sind.[48] Der Betrachtungszeitraum bestimmt bei gegebenem Renditeintervall den Umfang der Zeitreihen von realisierten Branchen- und Marktrenditen, die bei der Bestimmung des Betafaktors berücksichtigt wurden. Von der Länge des Betrachtungszeitraums hängt ceteris paribus die Zuverlässigkeit des geschätzten Betafaktors ab: je länger der Betrachtungszeitraum, desto zuverlässiger die Schätzung. Einer Verlängerung des Betrachtungszeitraums sind allerdings Grenzen im Hinblick auf das verfügbare Datenmaterial gesetzt. Darüber hinaus wächst mit der Verlängerung des Betrachtungszeitraums die Gefahr von Strukturbrüchen, also struktureller Veränderungen der auf die Branchenunternehmen einwirkenden Risikofaktoren.

Um die Datengrundlage zu aktualisieren, wurden die Betafaktoren des CDAX Utilities und ausgewählter zugehöriger Unternehmen gegenüber dem CDAX Kursindex für den Betrachtungszeitraum 15.01.02 bis 27.02.04 auf der Grundlage logarithmierter wöchentlicher Renditen bestimmt.[49] Für den CDAX Utilities ergab sich ein Betafaktor von 0,55 bei einem Bestimmtheitsmaß von 0,44. Dieses Ergebnis weicht nur unwesentlich von demjenigen der Untersuchung von Gerke ab, aus der ein Betafaktor von 0,536 im Zeitraum 1992 bis 2001 hervorgeht. Es zeigt sich weiter, dass nur hinter dem Betafaktor der RWE AG in Höhe von 0,61 und demjenigen der E.ON AG von 0,54 ein Bestimmtheitsmaß (0,47 bzw. 0,37) steht, das auf eine aussagekräftige Regression schließen lässt. Die Betafaktoren der übrigen betrachteten Unternehmen sind – gemessen an den Bestimmtheitsmaßen – wenig aussagekräftig. Dies ist mit großer Wahrscheinlichkeit auf die relativ geringe Handelshäufigkeit der betreffenden Aktien im Betrachtungszeitraum zurückzuführen; denn die Betafaktoren insbesondere wenig liquider Anlageformen unterliegen systematischen Verzerrungen in Abhängigkeit vom jeweiligen Renditeintervall.[50] Um diesen sogenannten Intervalling Ef-

---

[48] Vgl. *Zimmermann* (1997), S. 100.
[49] Eigene Berechnungen auf der Grundlage von Daten der Reuters AG.
[50] Hierzu und zum Folgenden vgl. *Zimmermann* (1997), S. 99-153; *Thiele/Cremers/ Robé* (2000), S. 11-15; *Becker* (2000), S. 44-46. Zum Intervalling Effekt auf dem deutschen Kapitalmarkt siehe *Frantzmann* (1990); *Zimmermann* (2000), S. 104-115.

fekt auszublenden, wird bei wenig liquiden Anlagen in der Regel versucht, auf längere Renditeintervalle umzusteigen, was tendenziell zu einer Erhöhung des Betafaktors führt. Einer Verlängerung des Renditeintervalls steht jedoch in der praktischen Anwendung die Tatsache entgegen, dass zur Erzielung aussagekräftiger Schätzungen dann auch eine Verlängerung des Betrachtungszeitraums erforderlich wird.

Geringere Auswirkungen dürfte der Intervalling Effekt auf die Betafaktoren europäischer Versorgungsunternehmen haben, da deren Aktien mit größerer Regelmäßigkeit gehandelt werden. Das folgende Diagramm zeigt die Betafaktoren und Bestimmtheitsmaße des DJ Euro Stoxx Utilities und ausgewählter zugehöriger Werte gegenüber dem DJ Euro Stoxx All Share im Betrachtungszeitraum 15.01.02 bis 24.02.04 bei Zugrundelegung logarithmierter wöchentlicher Renditen.

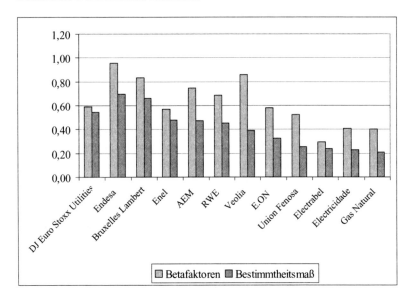

Die Ergebnisse im Detail finden sich in Anlage 3. Für den DJ Euro Stoxx Utilities ergibt sich ein Beta von 0,59 bei einem Bestimmtheitsmaß von 0,54. Für RWE und E.ON errechnen sich Betafaktoren von 0,69 bzw. 0,58 bei Bestimmtheitsmaßen von 0,45 bzw. 0,32. Die Betafaktoren auf der Basis des DJ Euro Stoxx fallen damit durchgängig etwas höher aus als diejenigen auf der Basis des CDAX, obwohl die Renditen des CDAX und des DJ Euro Stoxx All Share im betrachteten Zeitraum mit 0,95 sehr hoch korreliert waren. Die Diskrepanz ist allerdings nicht so groß wie in den oben angeführten Untersuchungen. Wie auch bei den Betafaktoren auf der Basis des CDAX ist in Bezug auf die betrachteten Einzelwerte ein Zusammenhang zwischen der Ausprägung der Betafaktoren und dem Bestimmtheitsmaß

4. Bestimmung und Höhe des Risikozuschlags

der Regression zu konstatieren. Geringe Betafaktoren gehen tendenziell mit geringen Bestimmtheitsmaßen einher. Da es sich bei den betreffenden Unternehmen gleichzeitig um solche handelt, denen im DJ Euro Stoxx Utilities nur ein geringes Gewicht zukommt, dürfte das Branchenbeta dadurch aber nur unwesentlich beeinflusst sein.

Bei der Schätzung des durchschnittlichen Betafaktors von Versorgungsunternehmen ist den zeitnah ermittelten Betafaktoren ein höheres Gewicht einzuräumen. Denn Versorgungsunternehmen waren in den letzten Jahren ausgeprägten Veränderungen ausgesetzt, die auch das systematische Risiko ihrer Aktivitäten nachhaltig beeinflusst haben dürften. Vor allem ist hier natürlich an die mit dem Inkrafttreten des Gesetzes zur Neuregelung des Energiewirtschaftsrechts am 29. April 1998 veränderten ordnungspolitischen Rahmenbedingungen zu denken. Vor diesem Hintergrund ist der weiteren Betrachtung ein Branchenbeta von 0,55 bis 0,60 zugrunde zu legen.

4.3.2 Anpassung des Branchenbetas an das finanzielle Risiko von Gasnetzbetreibern

Das im Betafaktor zum Ausdruck kommende systematische Risiko setzt sich aus operativem und finanziellem Risiko zusammen.[51] Das operative Risiko ist abhängig vom Investitionsprogramm des Unternehmens; es bezieht sich auf die Gesamtkapitalrendite und müsste vom Eigenkapitalgeber auch dann getragen werden, wenn das Unternehmen bei gleichem Investitionsprogramm gänzlich unverschuldet wäre. Finanzielles Risiko resultiert aus der Verschuldung des Unternehmens und korrespondiert mit der ceteris paribus Erhöhung der Variabilität der Eigenkapitalrendite infolge einer Erhöhung des Verschuldungsgrades (Leverage Effekt). Zwischen dem Betafaktor eines Unternehmens und seinem Verschuldungsgrad besteht aus theoretischer Sicht ein streng monotoner Zusammenhang: je höher die Verschuldung des Unternehmens ist, desto höher ist ceteris paribus auch der Betafaktor. Der funktionale Verlauf im Einzelnen wird von der Finanzierungspolitik und den Fremdkapitalkosten des Unternehmens, der quasisicheren Verzinsung und der Besteuerung der unternehmerischen Erträge bestimmt.[52] Die Betrachtung beschränkt sich üblicherweise auf den Verschuldungsgrad.[53]

---

[51] Siehe hierzu z.B. *Drukarczyk* (2003), S. 381-388; *Zimmermann* (1997), S. 262-265.

[52] Den Zusammenhang zwischen dem Eigenkapitalkostensatz und den genannten Einflussfaktoren bei sicherer Fremdkapitalverzinsung behandelt insbesondere Wallmeyer (1999). Zu dem Zusammenhang zwischen dem Betafaktor des Eigenkapitals und demjenigen des Fremdkapitals z.B. *Drukarczyk* (2003), S. 386-388.

Das im letzten Abschnitt ermittelte Branchenbeta spiegelt das finanzielle Risiko eines durchschnittlichen Versorgungsunternehmens wider. Eine Anpassung ist aus theoretischer Sicht gefordert, wenn dieses Risiko wesentlich von demjenigen abweicht, von dem bei Gasnetzbetreibern auszugehen ist. Da von den deutschen Unternehmen die E.ON AG denjenigen Betafaktor aufweist, der dem Branchenbeta am nächsten kommt, wird dieser Einzelwert zur Abschätzung des im Branchenbeta verarbeiteten finanziellen Risikos herangezogen. Die in bilanziellen Werten gemessene, unbereinigte Eigenkapitalquote der E.ON AG beläuft sich ausweislich des Konzernabschlusses zum 31. Dezember 2003 auf 27%.[54]

In Bezug auf das finanzielle Risiko von Gasnetzbetreibern ist eine Regelung im Kalkulationsleitfaden in der Anlage zur Verbändevereinbarung Erdgas II zu beachten, nach der im Rahmen der Entgeltkalkulation ein Eigenfinanzierungsanteil in Höhe von maximal 40% berücksichtigt werden darf. Diese Regelung hat im Rahmen einer auf dem Konzept der kapitalstrukturerhaltenden Nettosubstanzerhaltung beruhenden Kalkulation die Funktion, langfristig auf einen angemessenen Fremdfinanzierungsanteil hinzuwirken. Ihre Beibehaltung vorausgesetzt erscheint es nur konsequent, wenn auch aus rein kapitalmarkttheoretischer Sicht nicht zwingend, sie auch in Bezug auf den Betafaktor zu beachten. Da die Beschränkung des anzuwendenden Eigenfinanzierungsanteils im Einzelfall greift, ist im Durchschnitt von einem geringeren Eigenfinanzierungsanteil auszugehen.

Einschränkend in Bezug auf die Tragfähigkeit dieser Argumentation ist anzumerken, dass der Verschuldungsgrad im Zuge der Anpassung von Betafaktoren aus theoretischer Sicht auf der Basis von Marktwerten ermittelt werden muss, während die hier gegenübergestellten Größen auf Buchwerten basieren. Darüber hinaus handelt es sich im einen Fall um den kalkulatorischen Eigenfinanzierungsanteil, im anderen um die bilanzielle Eigenkapitalquote. Zwar liegen beiden Größen Anschaffungs- oder Herstellungskosten zugrunde; bezüglich der Nutzungsdauer der Gegenstände des Anlagevermögens und bezüglich des Abschreibungsverfahrens ergeben sich jedoch Unterschiede. Die vorstehenden Ausführungen besitzen daher den Charakter einer Plausibilitätsbetrachtung.

Für die Beurteilung, inwieweit das Branchenbeta einer Anpassung nach Maßgabe eines abweichenden finanziellen Risikos bedarf, sind neben theoretischen Überlegungen zum Zusammenhang zwischen der Verschuldung von Unternehmen und dem Betafaktor ihrer Eigenfinanzierungstitel auch diesbezügliche empirische Untersuchungen heranzuziehen. Solche Untersuchungen führten zu dem Ergebnis, dass der Zusammenhang zwischen dem Betafaktor der Eigenfinanzierungstitel eines Unternehmens und seinem Verschuldungsgrad nicht so ausgeprägt ist, wie die Theorie dies pos-

---

[53] Vgl. z.B. *Alexander/Mayer/Weeds* (1996), S. 5.
[54] Siehe Konzerngeschäftsbericht der E.ON AG (2003).

tuliert. Tatsächlich konnte für den deutschen Kapitalmarkt in der Regel kein nennenswerter signifikanter Zusammenhang festgestellt werden.[55] Aus diesem Grund und wegen der oben angestellten Plausibilitätsbetrachtung wird im Folgenden von einer Anpassung des Branchenbetas zum Ausgleich eines abweichenden finanziellen Risikos abgesehen.

4.3.3 Anpassung des Branchenbetas an das operative Risiko von Gasnetzbetreibern

Das Branchenbeta ist als Betafaktor eines breit diversifizierten Unternehmens aufzufassen, dessen Geschäftsfelder die Tätigkeitsgebiete der Versorgerbranche im Ganzen widerspiegeln. Da der Schwerpunkt dieser Branche in der Energieversorgung liegt, wird im Folgenden angenommen, dass es sich um den Betafaktor eines Energieversorgungsunternehmens handelt. Da das ermittelte Branchenbeta die operativen Risiken aller Geschäftsfelder im Bereich der Elektrizitäts- und der Gasversorgung misst, kann nicht von vorneherein davon ausgegangen werden, dass ein reiner Gasnetzbetreiber einen Betafaktor in dieser Höhe aufweist.

Eine Aufspaltung des Betafaktors diversifizierter Unternehmen in die Betafaktoren einzelner Geschäftsfelder ist theoretisch möglich, indem man sich die Tatsache zunutze macht, dass das Unternehmensbeta dem gewogenen Mittel der Betafaktoren der einzelnen Geschäftsfelder entspricht.[56] Sind die Betafaktoren einer genügend großen Anzahl gleichartig diversifizierter Unternehmen und die Gewichtungsfaktoren bekannt, so können die Betafaktoren der Geschäftsfelder durch die Lösung eines linearen Gleichungssystems oder im Wege einer Regressionsanalyse gefunden werden. Praktikabel ist dieses Verfahren nicht, weil sich die Gewichtung der Betafaktoren nach den Marktwerten der betreffenden Geschäftsbereiche richtet. Diese aber sind in aller Regel nicht bekannt. Ihre Ermittlung mittels der Methoden der Unternehmensbewertung würde die Kenntnis eben jener Betafaktoren voraussetzen, die eigentlich gesucht werden.

Vor diesem Hintergrund wurden in der betrieblichen Praxis und in der betriebswirtschaftlichen Theorie verschiedene Verfahren entwickelt, um die Betafaktoren einzelner, nicht börsennotierter Unternehmen oder Geschäftsbereiche unabhängig von historischen Kapitalmarktdaten zu bestimmen.[57] Allen diesen Verfahren liegt die Idee zugrunde, die auf Betafak-

---

[55] Siehe z.B. *Zimmermann* (1997), S. 264-265; *Hachmeister* (2000), S. 211, und die dort jeweils angegebene Literatur.
[56] Siehe hierzu z.B. *Drukarczyk* (2003), S. 385-386.
[57] Zum Folgenden siehe z.B. *Freygang* (1993), S. 274-330; *Hachmeister* (2000), S. 202-225; *Günther* (1997), S. 185-187; *Stewart* (1999), S. 449-456; *Rosenberg/Guy* (1976).

toren im Allgemeinen einwirkenden Faktoren zu ergründen und von der Ausprägung dieser Faktoren auf die Ausprägung des Betafaktors im Einzelfall zu schließen. Die Spannweite der dabei berücksichtigten Einflussfaktoren ist weit: Man findet Verfahren, die Betafaktoren allein auf der Basis von Daten des betrieblichen Rechnungswesens zu erklären versuchen, und ebenso Verfahren, die branchenbezogene und gesamtwirtschaftliche Faktoren einbeziehen. Auch die Methodik, mittels derer der Zusammenhang zwischen den jeweiligen Einflussfaktoren und den gesuchten Betafaktoren bestimmt wird, ist unterschiedlich. Auf der einen Seite werden statistische Methoden angewandt, insbesondere die multiple Regressionsanalyse, auf der anderen Seite sind intuitive, auf die Nutzung von Expertenwissen abstellende Methoden gebräuchlich.

Für das weitere Vorgehen bietet sich ein Verfahren an, das auf einem Vergleich des operativen Risikos der Geschäftsfelder eines diversifizierten Unternehmens anhand eines Katalogs von Merkmalen beruht.[58] Der Vorteil dieses Verfahrens besteht zum einen darin, dass die Unterschiede des operativen Risikos von Elektrizitäts- und Gasversorgungsunternehmen anhand der verwendeten Merkmale sehr gut beleuchtet werden können. Zum anderen liegt eine empirische Untersuchung vor, die bestätigt, dass zwischen dem Betafaktor eines Unternehmens bzw. Geschäftsbereichs und der Ausprägung der Merkmale bzw. einer Kennzahl auf der Grundlage der Merkmalsausprägungen ein signifikant positiver Zusammenhang besteht.[59] Letzteres lässt es gerechtfertigt erscheinen, auf der Basis der verwendeten Merkmale Aussagen in Bezug auf Betafaktoren abzuleiten. Die verwendeten Merkmale sind:

- Externe Renditeeinflüsse
- Stabilität/Zyklizität
- Marktanteile
- Substitutionsgefahr
- Markteintrittsbarrieren
- Fixkosten

In seiner ursprünglichen Form sieht das Verfahren vor, dass die Auswirkungen der Merkmalsausprägungen auf das operative Risiko auf einer ordinalen Skala gemessen und zu einer Risikokennzahl verdichtet werden, anhand derer das operative Risiko des betreffenden Geschäftsfeldes eingeschätzt werden kann. Dieser starren Vorgehensweise wird im Weiteren nicht gefolgt. Stattdessen wird das operative Risiko der Geschäftsfelder von Elektrizitäts- und Gasversorgungsunternehmen anhand der aufgeführten Merkmale auf zunächst qualitativer Ebene verglichen. Auf diese

---

[58] Zu diesem Verfahren siehe *Bufka/Schiereck/Zinn* (1999).
[59] Siehe *Bufka/Schiereck/Zinn* (1999), S. 126.

4. Bestimmung und Höhe des Risikozuschlags

Weise werden Anhaltspunkte für die Relation des operativen Risikos von Elektrizitäts- und Gasversorgungsunternehmen generiert, die für eine ermessensbasierte Anpassung des Branchenbetas an das operative Risiko von Gasnetzbetreibern genutzt werden.

Externe Renditeeinflüsse
Externe Renditeeinflüsse ergeben sich für Gas- und Elektrizitätsversorger vor allem in dreierlei Hinsicht: erstens in Bezug auf die Preise von Primärenergie, zweitens durch die Art der Regulierung der Netzbetreiber und drittens im Zusammenhang mit den gesetzlichen Rahmenbedingungen ihrer Tätigkeit.

Die Preise von Primärenergie bestimmen die Kosten des Einsatzes von und damit die Nachfrage nach Gas und Elektrizität. Hiervon sind alle Stufen der Wertschöpfungskette in der Gasversorgung und der Elektrizitätsversorgung betroffen. Die Risiken sind jedoch durchaus unterschiedlich: Während sich die Gasversorgung auf eine Primärenergie bezieht, deren Verbrauch zu ungefähr einem Fünftel mit rückläufiger Tendenz durch deutsche Quellen gedeckt und damit hauptsächlich ausländischen Ursprungs ist (Quellenrisiko), bestehen in der Elektrizitätswirtschaft Substitutionsmöglichkeiten, die mit Steinkohle, Braunkohle und erneuerbaren Energien in weiterem Umfang inländische Quellen umfassen. Für den Elektrizitätserzeuger ergeben sich daraus zwar keine Vorteile, soweit die installierten Anlagen Substitutionsmöglichkeiten nicht zulassen, wohl aber für die Betreiber von Elektrizitätsnetzen. Das damit einhergehende erhöhte Risiko ist systematischer Natur, da der Investor es durch Diversifikation nicht beseitigen kann.

Die Regulierung der Elektrizitäts- und Gasnetzbetreiber weist zwar auf den ersten Blick große Ähnlichkeit auf, unterscheidet sich aber in einem wichtigen Detail: Während die Netzzugangsentgelte bei Elektrizitätsnetzbetreibern vom Grundsatz her auf der Basis der betriebsindividuellen Kostensituation bestimmt werden, kommen bei Gasnetzbetreibern der Endverteilung bisher prinzipiell Durchschnittswerte zum Ansatz. In beiden Fällen existieren flankierende Regelungen, die eine Annäherung, aber keine vollständige Angleichung der Ergebnisse zur Folge haben. Wie in Abschnitt 2 erörtert, werden bei Zugrundelegung des Durchschnittswertprinzips – wie bei anderen Regulierungsformen – in grundsätzlich höherem Maße Anreize zugunsten einer rationellen Betriebsführung wirksam, gleichzeitig steigt aber tendenziell auch das Risiko, dem die Eigenkapitalgeber ausgesetzt sind. Bezüglich der Auswirkungen auf die Betafaktoren regulierter Unternehmen liegt eine empirische Untersuchung vor, die zu dem plausiblen Ergebnis kommt, dass in solchen Fällen höhere Betafaktoren gemessen werden.[60] In Übereinstimmung mit den in Abschnitt 2 formulierten Annahmen wird für die Zukunft von einem Anreizsystem ausgegangen, das den Eigenkapitalgebern von Gasnetzbetreibern vergleichbare Risiken wie in der Vergangenheit aufbürdet.

Die gesetzlichen Rahmenbedingungen nehmen erheblichen Einfluss auf die künftige Entwicklung der Nachfrage nach Elektrizität und Gas. Aufgrund der bei Haushalten und Kleingewerbetreibenden vorwiegenden Verwendung zum Zweck der Wärmegewinnung ist die Nachfrage nach Gas auf der Endverteilerstufe in besonderem Maße von künftigen, in ihrer Ausgestaltung noch unsicheren Maßnahmen des Gesetzgebers zur Senkung des Energieverbrauchs betroffen. Als Beispiel mag hier die zum 1. Februar 2002 in Kraft getretene Energieeinsparverordnung dienen. Darüber hinaus ist auf die Bedeutung der Mineralölsteuerbelastung auf die Gasnachfrage und die damit einhergehende Unsicherheit hinzuweisen.

Stabilität/Zyklizität
Gas wird in der Industrie in höherem Maße als Elektrizität verbraucht.[61] Konjunkturelle Einflüsse wirken sich sowohl auf die Nachfrage nach Gas als auch auf die Nachfrage nach Elektrizität aus. Bei Gas ist eine in dieser Form bei Elektrizität nicht existente Witterungsabhängigkeit zu berücksichtigen, die sich aus der überwiegenden Verwendung zum Zweck der Wärmegewinnung erklärt. Eigens zum Zweck der Absicherung gegen witterungsbedingte Risiken wurden an den Finanzmärkten sogenannte Wetterderivate geschaffen.[62] Witterungsbedingte Risiken können mittels solcher Derivate zwar vom einen auf den anderen Marktteilnehmer verlagert, aber nicht letztendlich durch Diversifikation eliminiert werden. Es ist daher plausibel anzunehmen, dass mit der Witterungsabhängigkeit des Gasverbrauchs ein systematisches, im Betafaktor zu berücksichtigendes Risiko einhergeht.

Marktanteile
Bezüglich der Größe und der Verteilung der Marktanteile von Elektrizitäts- und Gasversorgungsunternehmen sind keine Unterschiede ersichtlich, die eine Differenzierung des Branchenbetas mit Bezug auf Gasnetzbetreiber erforderlich machen.

---

[60] *Alexander/Mayer/Weeds* (1996), S. 30, führen aus: „Regimes with low-powered incentives tend to coexist with low asset beta values, while high-powered incentives imply significantly higher beta values."
[61] Siehe Statistisches Jahrbuch (2003), S.207.
[62] Siehe dazu *Schirm* (2000).

4. Bestimmung und Höhe des Risikozuschlags

Substitutionsgefahr

Für bestimmte Verwendungszwecke ist Elektrizität die allein in Frage kommende oder wirtschaftliche Energie, während Gas nahezu durchgängig substituiert werden kann. Für Haushalte und Kleingewerbetreibende kommt neben dem Einsatz von Gas immer noch vor allem der Einsatz von Erdöl für Heizzwecke in Frage. Von zunehmender Bedeutung – und durch die Förderung erneuerbarer Energien begünstigt – sind aber auch z.B. Holzpellets, Solarthermie und Geothermie. Aus den Substitutionsmöglichkeiten resultieren erhöhte Risiken, denen die Gaswirtschaft im Ganzen ausgesetzt ist. Der hier im Vordergrund stehende Gasnetzbetreiber auf der Endverteilerstufe kann sich beim Anschluss eines Versorgungsgebietes nicht sicher sein, welchen Anteil der potentiellen Abnehmer erreicht. Er muss ferner damit rechnen, dass ein Teil seiner Abnehmer in Abhängigkeit von der Entwicklung der relativen Preise auf andere Energie umsteigt. Dies gilt besonders für Industriekunden, die in der Regel eine hohe Preissensitivität aufweisen. Es gilt aber auch für Haushalte und Kleingewerbetreibende, die durch die oben schon genannte Energieeinsparverordnung gezwungen sind, ihre Anlagen auszutauschen, und die in den erneuerbaren Energien interessante Alternativen finden. Das Netz verliert dann partiell an Wert; die betreffenden Ausgaben müssen als Fehlinvestitionen gewertet werden. Ein ähnlicher Effekt ergibt sich, wenn der Verbrauch aufgrund von Energieeinsparmaßnahmen eine kritische Grenze unterschreitet. Vergleichbare Risiken trägt ein Elektrizitätsnetzbetreiber nicht; denn aufgrund des universellen Einsatzbereichs von Elektrizität ist ein Elektrizitätsanschluss insbesondere für Haushalte und Kleingewerbetreibende unverzichtbar.

Im Zusammenhang mit der Bedrohung durch Substitutionsprodukte ist des Weiteren auf die Unsicherheit in Bezug auf die langfristige Rolle der Primärenergien bei der Elektrizitätserzeugung hinzuweisen, insbesondere auf den geplanten Ausstieg aus der Kernenergie. Gasnetzbetreiber auf der Endverteilerstufe sind hiervon freilich weniger betroffen.

Markteintrittsbarrieren

Gasnetzbetreiber auf der Endverteilerstufe und regionale Gasversorgungsunternehmen sind einem partiellen Risiko in Bezug auf das Auftreten neuer Wettbewerber ausgesetzt. Aufgrund der großen Entfernungen, über die hinweg Gas transportiert wird, dürfte dieses Risiko etwas stärker als bei Elektrizitätsnetzbetreibern ausgeprägt sein. Denn mit der Transportentfernung steigt standortabhängig auch das Risiko des Baus einer Fernleitung in unmittelbarer Nähe. Ist eine solche Leitung erst gelegt, ist es für einen Wettbewerber ohne allzu großen Aufwand möglich, in den Wettbewerb um attraktive Industriekunden und im Einzelfall auch um ganze Versorgungsareale einzusteigen. Dies ist in der Vergangenheit bereits geschehen. Letztendlich äußert sich das Risiko des Auftretens von

Wettbewerbern als Investitionsrisiko: die Teile des Netzes, die aufgrund des Konkurrenten nicht mehr ausgelastet werden können, verursachen Leerkosten, die je nach Ausmaß die Rentabilität der in das Netz getätigten Investition gefährden.

Fixkosten
Der Fixkostenanteil in der Energiewirtschaft ist durchgängig hoch. Von daher ergeben sich keine maßgeblichen Unterschiede.

Insgesamt betrachtet sind Unterschiede vor allem bei den Einflüssen der Regulierung, den Substitutionsmöglichkeiten und der Bedrohung durch Wettbewerber zu verzeichnen. Diese Unterschiede deuten darauf hin, dass Gasnetzbetreiber gegenüber dem Branchendurchschnitt ein erhöhtes operatives Risiko tragen, was im Folgenden durch den Ansatz eines Betafaktors von **0,68 bis 0,73** berücksichtigt wird. Damit wird auch der Tatsache Rechnung getragen, dass das bislang vergangenheitsorientiert bestimmte Branchenbeta die Zunahme des operativen Risikos von Gasnetzbetreibern als Folge der Liberalisierung vermutlich noch nicht vollumfänglich erfasst. In Abhängigkeit von dem Vorhandensein und der Intensität partiellen Leitungswettbewerbs kann im Einzelfall eine Abweichung von der für den Betafaktor angegebenen Spannweite nach oben in Frage kommen. Abschließend sei angemerkt, dass das Resultat auch vor dem Hintergrund einer Untersuchung plausibel erscheint, nach der die Betafaktoren von Gasversorgungsunternehmen in Europa diejenigen von Elektrizitätsversorgern überschreiten.[63]

4.3.4 Anpassung des Branchenbetas aufgrund von Bewertungsanomalien

Eine Vielzahl empirischer Untersuchungen deutet darauf hin, dass die Ausprägung empirisch bestimmter Betafaktoren von Unternehmenscharakteristika abhängt, die nicht oder nicht direkt auf das systematische Risiko des betrachteten Unternehmens zurückzuführen sind. Im Folgenden wird untersucht, welche Auswirkungen sich hieraus auf den Betafaktor von Gasnetzbetreibern ergeben.

Durch viele empirische Studien bestätigt ist ein Zusammenhang zwischen der Liquidität der Eigenfinanzierungstitel eines Unternehmens und seinem Betafaktor.[64] Wenig liquide Titel weisen in aller Regel selbst dann geringere Betafaktoren auf, wenn die betrachteten Unternehmen im Hin-

---

[63] Vgl. *Alexander/Mayer/Weeds* (1996), S.27.
[64] Hierzu und zum Folgenden siehe *Zimmermann* (2000), S. 100-104 und 115-120, und die angegebene Literatur.

4. Bestimmung und Höhe des Risikozuschlags

blick auf das finanzielle und das operative Risiko vergleichbar erscheinen. Ursächlich hierfür ist, dass sich die an den Kapitalmarkt gelangenden Informationen infolge der geringeren Handelshäufigkeit zeitlich verzögert in den Kursen niederschlagen. Der zeitliche Zusammenhang zwischen der Entwicklung der Marktrendite und der Entwicklung der Rendite des betrachteten Eigenfinanzierungstitels wird dadurch partiell gelöst. Eine Folge ist der oben schon angesprochene Intervalling Effekt, d.h. eine Abhängigkeit des Betafaktors vom betrachteten Renditeintervall.

Aus dem tendenziell geringeren historischen Betafaktor wenig liquider Aktien ist natürlich nicht zu schließen, dass das finanzielle und/oder das operative Risiko schon deshalb geringer wäre, weil die Aktien weniger rege gehandelt werden. Es handelt sich vielmehr um eine Bewertungsanomalie, einen statistischen Defekt, der dann nicht auftreten sollte, wenn sich die relevanten Informationen simultan in dem jeweils zugrundeliegenden Index und dem Aktienkurs niederschlagen. Dies wird am ehesten bei liquiden Aktien und nicht zu kurzen Renditeintervallen der Fall sein, weshalb der Betafaktor einer liquiden Aktie grundsätzlich ein verlässlicherer Indikator für das systematische Risiko ist als derjenige einer wenig liquiden Aktie.

Angesichts der Verwendung wöchentlicher Renditen bei der Herleitung des Branchenbetas käme eine Modifikation des Branchenbetas im betrachteten Zusammenhang nur dann in Frage, wenn der zugrundegelegte Branchenindex mit hohem Gewicht wenig liquide Einzelwerte einbezöge. Dies ist jedoch weder beim CDAX Utilities noch beim DJ Euro Stoxx Utilities der Fall; in den CDAX Utilities gehen zwar die Kurse wenig liquider Aktien ein, aber mit einem nur geringen Gewicht. Das ermittelte Branchenbeta spiegelt demnach den Betafaktor einer liquiden Aktie bei nicht zu kurzem Renditeintervall wider. Für eine Anpassung des Branchenbetas aufgrund der überwiegend geringen Liquidität der Eigenfinanzierungstitel von Gasnetzbetreibern besteht daher kein Raum.

Von den durch mangelnde Liquidität von Aktien ausgelösten Bewertungsanomalien zu unterscheiden ist ein anderer Gesichtspunkt, der sich auf die Veräußerbarkeit von Eigenfinanzierungstiteln bezieht. Die Rede ist von dem sogenannten Fungibilitätszuschlag zum Basiszinssatz, der vornehmlich in der älteren Literatur zur Unternehmensbewertung mit dem Argument befürwortet wurde, der Eigenkapitalgeber eines Unternehmens solle gegebenenfalls einen Ausgleich für die mangelnde Marktgängigkeit der Eigenfinanzierungstitel erhalten.[65] Dahinter steht die Überlegung, der Erwerber eines Unternehmens müsse für das Risiko entschädigt werden, seine Eigenfinanzierungstitel nicht zu einem beliebigen Zeitpunkt veräußern zu können. Obwohl nicht von der Hand zu weisen ist, dass die Eigen-

---

[65] Siehe z.B. *Moxter* (1983), S.159. Teilweise wurde dies auch von der Rechtsprechung bestätigt, etwa im Zusammenhang mit der Bewertung einer Aktiengesellschaft in Familienbesitz; siehe *Piltz* (1994), S.177.

kapitalgeber von Gasnetzbetreibern auf der Endverteilerstufe in der Regel diesem Risiko unterliegen, scheint diese Überlegung im vorliegenden Zusammenhang doch nicht einschlägig. Denn es geht nicht um die Bewertung eines Unternehmens anlässlich eines Veräußerungsvorgangs, sondern um die Rendite, die dem Eigenkapitalgeber eines Gasnetzbetreibers zugebilligt werden muss. Für diese Rendite maßgeblich ist das operative und das finanzielle Risiko der Investitionen in Gasverteilernetze, nicht das Risiko einer mangelnden Veräußerbarkeit von Eigenfinanzierungstiteln. Aus diesem Grund wird auf die Berücksichtigung eines Fungibilitätszuschlags verzichtet; hierfür spricht auch, dass der zu bestimmende Eigenkapitalkostensatz explizit als kapitalmarktorientierte Größe ausgewiesen werden soll. Würde die regelmäßig mangelnde Fungibilität der Eigenfinanzierungstitel von Gasnetzbetreibern auf der Endverteilerstufe berücksichtigt, so würde dies zu einer Erhöhung des Risikozuschlags führen.

Ein weiterer systematischer Unterschied zwischen dem durch das Branchenbeta abgebildeten Versorgungsunternehmen und einem Gasnetzbetreiber besteht hinsichtlich des Diversifikationsgrades. Aus theoretischer Sicht ist ein Zusammenhang zwischen der Ausprägung des Betafaktors und dem Grad der Diversifikation eines Unternehmens zwar abzulehnen: der Betafaktor misst ja gerade nur das durch Diversifikation nicht zu beseitigende systematische Risiko. In der Literatur findet man aber auch die Auffassung, dass mit der Verminderung des unsystematischen Risikos im Wege der Diversifikation in den Augen der Anleger auch eine Verminderung des systematischen Risikos verbunden sein könnte, weil diese nicht zwischen systematischem und unsystematischem Risiko differenzieren können oder weil einem Unternehmen Möglichkeiten zur Risikominderung offenstehen, die für die Aktionäre nicht verfügbar sind.[66] Eine Anpassung des Branchenbetas käme vor diesem Hintergrund nur in Frage, wenn ein empirischer Zusammenhang zwischen dem Diversifikationsgrad eines Unternehmens und seinem Betafaktor bestätigt werden konnte. Zu einem solchen Zusammenhang wurde eine Reihe von Untersuchungen angestellt, die jedoch zu uneinheitlichen, insgesamt nicht eindeutigen Ergebnissen führten.[67] Für eine Anpassung des Branchenbetas bieten sie keine tragfähige Grundlage.

Eine Anpassung des Branchenbetas könnte schließlich aufgrund der relativ geringen Größe von Gasnetzbetreibern im Vergleich zu dem hinter dem Branchenbeta stehenden Versorgungsunternehmen in Frage kommen. Denn häufig wird vermutet, dass das systematische Risiko großer Unternehmen geringer ist als das kleiner, weil:

---

[66] Siehe z.B. *Hachmeister* (2000), S.219-220.
[67] Siehe z.B. *Hachmeister* (2000), S.220-221; *Becker* (2000), S.98-99.

4. Bestimmung und Höhe des Risikozuschlags 33

- mit der Unternehmensgröße eine höhere Sicherheit der Erträge einhergeht,
- große Unternehmen eine größere Marktmacht besitzen,
- große Unternehmen einem geringeren Insolvenzrisiko unterliegen und/oder
- große Unternehmen Skalenvorteile besitzen.[68]

Aus theoretischer Sicht spielt die Größe eines Unternehmens für den Betafaktor freilich keine Rolle, weil sich allein aus der Unternehmensgröße keine Schlussfolgerungen bezüglich des systematischen Risikos ableiten lassen. Folglich könnte eine Anpassung des Branchenbetas wiederum nur mit den Ergebnissen einschlägiger empirischer Untersuchungen begründet werden. Solche Untersuchungen führten jedoch ebenfalls zu uneinheitlichen, insgesamt nicht eindeutigen Ergebnissen.[69] Soweit ein Zusammenhang zwischen der Unternehmensgröße und dem Betafaktor konstatiert wird, ist dieser Zusammenhang vermutlich auf die typischerweise geringere Liquidität der Eigenfinanzierungstitel kleiner Unternehmen zurückzuführen. Dieser Aspekt wurde bereits behandelt. Eine Anpassung des Branchenbetas lässt sich demnach auch nicht mit der vergleichsweise geringen Größe von Gasnetzbetreibern rechtfertigen.

4.4 Bemessung des Risikozuschlags

Unter Berücksichtigung einer Marktrisikoprämie von 4,5% bis 5%-Punkten und des Betafaktors von 0,68 bis 0,73 wird der Risikozuschlag auf **3,1% bis 3,7%-Punkte** festgelegt. Der nominale Eigenkapitalkostensatz stellt sich damit auf **9,6% bis 10,2%**.

Die Plausibilität eines Risikozuschlags in dieser Größenordnung zeigt sich bei einer Gegenüberstellung der quasisicheren Verzinsung von Wertpapieren der öffentlichen Hand mit den von Anleiheschuldnern geringerer Bonität eingeräumten Fremdkapitalrenditen. Der Spread von Euro-Anleihen mit BBB Rating (Standard & Poors) belief sich im Zeitraum Februar 2002 bis Januar 2003 auf durchschnittlich 2,3%-Punkte.[70] Das BBB Rating steht dabei für eine gute, wenn auch nicht die beste Bonität, und deu-

---

[68] Vgl. *Hachmeister* (2000), S.214 und S.221-222.
[69] Eine Übersicht bietet *Hachmeister* (2000), S.213ff.; siehe auch *Becker* (2000), S. 99-101. *Oertmann* (1994) enthält eine Untersuchung zum Einfluss der Unternehmensgröße auf den Betafaktor für den deutschen Kapitalmarkt. Im Ergebnis kann auch hier kein eindeutiger signifikanter Zusammenhang konstatiert werden. Zum Einfluss der Marktmacht auf Betafaktoren siehe *Becker* (2000), S.105-107; *Hachmeister* (2000), S.221-222.
[70] Hierzu und zum Folgenden siehe *Widmann/Schieszl/Jeromin* (2003), S.807.

tet auf ein relativ geringes Ausfallrisiko hin. Auch wenn der Spread von Schuldnern mit vergleichbarer Bonität – korrespondierend mit dem weiteren Rückgang des Zinsniveaus – derzeit wesentlich geringer ausfällt, lässt dies den ermittelten Risikozuschlag angemessen erscheinen. Denn das Risiko, dem die Eigenkapitalgeber von Gasnetzbetreibern ausgesetzt sind, überschreitet deutlich das Risiko, das die Fremdkapitalgeber entsprechend guter Adressen tragen.

5.
Zur Bestimmung und zur Höhe des Preissteigerungsabschlags

5.1 Funktion des Preissteigerungsabschlags und Methodik seiner Bestimmung

Im Rahmen einer auf dem Konzept der Nettosubstanzerhaltung beruhenden Kalkulation werden die Abschreibungen in Bezug auf den eigenfinanzierten Teil des abnutzbaren Anlagevermögens nicht auf der Basis von Anschaffungswerten, sondern auf der Basis von Tagesneuwerten bestimmt. Damit korrespondierend gehen anteilig Tagesrestwerte und nicht ausschließlich Anschaffungsrestwerte in das Schema zur Ermittlung des betriebsnotwendigen Eigenkapitals ein. Infolgedessen erhalten Gasnetzbetreiber schon in den verrechneten Abschreibungen einen Ausgleich für die Preissteigerungen, die auf den Beschaffungsmärkten in Bezug auf ihre Investitionsgüter eingetreten sind. Ein solcher Ausgleich darf jedoch nur einmal gewährt werden. Folglich kann bei der Bemessung der Eigenkapitalkosten nicht der bislang ermittelte nominale Eigenkapitalkostensatz zur Anwendung kommen, da dieser neben einer realen Verzinsung ebenfalls einen Preissteigerungsausgleich enthält. Der nominale Eigenkapitalkostensatz ist vielmehr zu einem realen Verzinsungsmaßstab weiterzuentwickeln.

An der Argumentation, die Investition in Gasverteilernetze müsse sich wie eine hinsichtlich der Laufzeit und des übernommenen Risikos äquivalente Alternativanlage verzinsen, ändert sich dadurch freilich nichts. Der Preissteigerungsabschlag, der den nominalen Eigenkapitalkostensatz in einen realen Kapitalkostensatz überführt, besitzt lediglich den Charakter eines Korrekturpostens, der die bereits anderweitig berücksichtigten Preissteigerungen ausgleicht. Die in den Abschreibungen berücksichtigten Preissteigerungen sind individueller Natur, sie beziehen sich auf die im Anlagevermögen eines Gasnetzbetreibers vorhandenen Investitionsgüter. Folglich muss sich auch der Preissteigerungsabschlag an den Preissteigerungen bei diesen Investitionsgütern orientieren.[71] Würde er stattdessen etwa in Höhe der allgemeinen Inflationsrate angesetzt, so würde das mit der Bemessung der Eigenkapitalkosten verfolgte Ziel allenfalls zufällig erreicht, nämlich dann, wenn die allgemeine Inflationsrate mit der für die

---

[71] Vgl. *Sieben/Diedrich/Price Waterhouse* (1996), S.53, *Swoboda* (1996), S.365.

Investitionsgüter eines Gasnetzbetreibers spezifischen Preissteigerungsrate übereinstimmt.

Diese Zusammenhänge wurden in der Literatur bereits ausführlich erörtert.[72] Weniger Aufmerksamkeit wurde der Frage gewidmet, wie der Preissteigerungsabschlag im Einzelnen zu ermitteln ist. Aufgrund der Funktion des Preissteigerungsabschlags und der Zugrundelegung von Tagesneuwerten bei der Bemessung der Abschreibungen liegt der Gedanke nahe, die durchschnittlich in der Vergangenheit aufgetretenen Preissteigerungen seien ausschlaggebend. Eine Begründung hierfür könnte etwa darin gesucht werden, dass die Tagesneuwerte alle bis zum Betrachtungszeitpunkt aufgetretenen Preissteigerungen widerspiegeln. Diese Überlegung geht jedoch in die Irre: Denn es geht zwar um den Ausgleich bereits berücksichtigter Preissteigerungen, aber nicht um die bis zum Betrachtungszeitpunkt insgesamt aufgetretenen Preissteigerungen, sondern um diejenigen, die in der jeweils abgelaufenen Periode eingetreten sind. Vom Grundsatz her ist folglich nicht eine durchschnittliche historische Preissteigerungsrate, sondern die Preissteigerungsrate der jeweils abgelaufenen Periode von Bedeutung. Ein Beweis für diese Aussage findet sich in Anlage 4.

Aus der prinzipiellen Maßgeblichkeit der aktuellen Preissteigerungsrate ist jedoch nicht zu schließen, dass der Preissteigerungsabschlag auch in entsprechender Höhe festgelegt werden sollte. Denn der Ansatz aktueller Preissteigerungsraten kann insbesondere bei außergewöhnlich hohen Preissteigerungen in einzelnen Perioden zu erheblichen Schwankungen bei den Netzzugangsentgelten führen. Dies ist weder aus der Sicht der Gasnetzbetreiber noch aus der Sicht ihrer Abnehmer wünschenswert. Es scheint daher zweckmäßig, den Preissteigerungsabschlag auf der Grundlage einer im Zeitablauf geglätteten Preissteigerungsrate zu bestimmen. In Zeiten relativ geringer Preissteigerungen wird dann ein im Vergleich zur aktuellen Preissteigerungsrate relativ hoher, bei relativ hohen Preissteigerungsraten ein relativ geringer Preissteigerungsabschlag, insgesamt ein über längere Zeiträume konstanter Preissteigerungsabschlag berücksichtigt. Die aus der Glättung der Preissteigerungen resultierenden Effekte sollten sich im Zeitablauf kompensieren, so dass der Kapitalwert der in den Netzzugangsentgelten verrechneten, auf das Eigenkapital bezogenen Abschreibungen und Kapitalkosten unverändert bleibt. Notwendigerweise sind daher sowohl die in der Vergangenheit aufgetretenen als auch die für die Zukunft erwarteten Preissteigerungsraten bei der Bemessung des Preissteigerungsabschlags zu berücksichtigen.

---

[72] Außer der in Fußnote 71 genannten Literatur siehe auch *Sieben/Maltry* (2002), S. 405.

5.2 Bemessung des Preissteigerungsabschlags

Das betriebsnotwendige Vermögen eines Gasnetzbetreibers setzt sich aus einer Vielzahl von Positionen zusammen, die in unterschiedlichem Maße Preissteigerungen unterliegen. Dies macht es erforderlich, den gesuchten Preissteigerungsabschlag im Wege der Aggregation anlagenspezifischer Preissteigerungsraten zu bestimmen. Wie diese Aggregation zu erfolgen hat, resultiert aus der Funktion des Preissteigerungsabschlags: Maßgeblich ist die prozentuale Veränderung des betriebsnotwendigen Eigenkapitals, die allein auf bereits anderweitig erfassten Preissteigerungen beruht. Die für einen Gasnetzbetreiber insgesamt anzunehmende Preissteigerungsrate errechnet sich folglich als gewogenes Mittel anlagenspezifischer Preissteigerungsraten, wobei als Gewichtungsfaktoren die jeweiligen Tagesneuwerte am Anfang der betrachteten Periode heranzuziehen sind. Da der eigenfinanzierte Teil des nicht abnutzbaren Anlagevermögens und des Umlaufvermögens mit Anschaffungswerten in das betriebsnotwendige Eigenkapital eingeht, sind bei diesen Vermögenswerten Preissteigerungsraten von Null anzusetzen.

Entsprechend der Zielsetzung der Untersuchung wird im Folgenden die Anlagenstruktur eines Netzbetreibers auf der Endverteilerstufe zugrunde gelegt. Die Überlegungen sind anzupassen, wenn der Preissteigerungsabschlag mit Bezug auf ein Unternehmen bestimmt werden soll, dessen Anlagenstruktur gravierende Abweichungen aufweist. Die Anlagenstruktur eines typisierten Endverteilers in Anschaffungswerten und in Tagesneuwerten sowie die im Jahr 2002 bei den betrachteten Anlagen aufgetretenen Preissteigerungen sind folgender Tabelle zu entnehmen:

Hauptanlagenklassen	Anschaffungswerte	Mittleres Alter	Tagesneuwerte	Preissteigerung
Allgemeine Anlagen	15,0%	28	11,5%	0,22%
Bezugsanlagen	2,5%	13	1,9%	2,34%
Verteilungsnetze				
davon Stahlleitungen	23,0%	30	27,5%	0,61%
davon Kunststoffleitungen	22,5%	25	21,8%	-0,29%
davon Gussleitungen	0,5%	25	0,5%	1,89%
Hauptrohrleitungen	5,0%	30	4,6%	1,11%
Hausanschlüsse	26,0%	25	28,9%	1,06%
Druckregelung	4,0%	13	2,8%	2,62%
Gaszähler	1,5%	6	0,6%	2,99%
Gesamt	100,0%		100,0%	0,63%

Die Angaben basieren auf Unterlagen der WIBERA Wirtschaftsberatung AG Wirtschaftsprüfungsgesellschaft (im Folgenden WIBERA), die in Anlage 5 enthalten sind. Hinter den Anschaffungswertrelationen steht die vereinfachende Annahme, dass alle Anlagen in dem betrachteten Unternehmen das angegebene mittlere Anlagenalter erreicht haben. Die Anlagenstruktur in Tagesneuwerten wurde ausgehend von derjenigen in Anschaffungswerten auf der Grundlage der dort aufgeführten Umrechnungsfaktoren für die Bestimmung von Tagesneuwerten geschätzt; sie bezieht sich auf den 31. Dezember 2001. Die Preissteigerungsraten für das Jahr 2002 wurden aus den Umrechnungsfaktoren mit Bezug auf den 31. Dezember 2001 und den 31. Dezember 2002 abgeleitet. Wie ersichtlich, war bei den betrachteten Investitionsgütern im Jahr 2002 im Durchschnitt nur eine geringe Preissteigerung in Höhe von ca. 0,63% zu verzeichnen. Geht man davon aus, dass Umlaufvermögen in der Gasversorgung in nennenswerter Größenordnung nicht vorhanden ist und hier vernachlässigt werden kann, spiegelt diese Größe die auf das Jahr 2002 bezogene, für ein Endverteilerunternehmen insgesamt anzunehmende Preissteigerungsrate wider.

Um Anhaltspunkte im Hinblick auf die langfristige Preisentwicklung bei den Investitionsgütern eines Endverteilerunternehmens zu gewinnen, bietet es sich an, die bei den betrachteten Anlagen insgesamt aufgetretenen Preissteigerungen zu ermitteln:

Hauptanlagenklassen	Anschaffungswerte	Mittleres Alter	Mittlere Preissteigerung
Allgemeine Anlagen	15,0%	28	1,13%
Bezugsanlagen	2,5%	13	2,37%
Verteilungsnetze			
davon Stahlleitungen	23,0%	30	2,56%
davon Kunststoffleitungen	22,5%	25	2,18%
davon Gussleitungen	0,5%	25	2,58%
Hauptrohrleitungen	5,0%	30	1,67%
Hausanschlüsse	26,0%	25	2,81%
Druckregelung	4,0%	13	1,76%
Gaszähler	1,5%	6	-5,24%
Gesamt	100,0%		

Die jeweils angegebene mittlere Preissteigerungsrate errechnet sich über einen Zeitraum, der dem mittleren Anlagenalter entspricht, aus den auf den 31. Dezember 2002 bezogenen Umrechnungsfaktoren für die Bestimmung von Tagesneuwerten.

5. Bestimmung und Höhe des Preissteigerungsabschlags

Die Übersicht macht deutlich, dass die im Jahr 2002 verzeichneten Preissteigerungen im Vergleich zum langjährigen Durchschnitt relativ gering ausgefallen sind. Dies betrifft vor allem die Verteilungsnetze und die Hausanschlüsse, die zusammen den Großteil des Anlagevermögens eines durchschnittlichen Endverteilers ausmachen. Im langjährigen Durchschnitt sind gerade auch bei diesen Investitionsgütern deutlich höhere Preissteigerungen von 2,18% bis 2,81% aufgetreten. Die derzeitige Situation erscheint daher wenig repräsentativ; bei der Bestimmung des Preissteigerungsabschlags sollte von in der Zukunft wieder ansteigenden Preissteigerungsraten ausgegangen werden. Angesichts des schon längere Zeit rückläufigen Preisauftriebs, der auch die Investitionsgüterpreise umfasst, ist allerdings nicht damit zu rechnen, dass die Preissteigerungsraten der Vergangenheit in der näheren Zukunft wieder erreicht werden.

Vor diesem Hintergrund erscheint derzeit die Zugrundelegung eines Preissteigerungsabschlags von **1,8 %-Punkten** angemessen. Zu einem Preissteigerungsabschlag in dieser Höhe gelangt man, wenn man die im Jahr 2002 bei den Verteilernetzen und den Hausanschlüssen verzeichneten Preissteigerungsraten durch geglättete Werte in Höhe von 2,0% ersetzt und auf ansonsten unveränderter Grundlage die durchschnittliche Preissteigerung bei den Investitionsgütern des typisierten Endverteilerunternehmens berechnet. Sollten auch in der Zukunft nur geringe Preissteigerungsraten zu verzeichnen sein, so ist der Preissteigerungsabschlag entsprechend abzusenken. Abschließend sei auf die Annahmen hingewiesen, die in Anlage 5 aufgeführt sind.

6.
Ergebnis der Untersuchung

Alle Komponenten des gesuchten Eigenkapitalkostensatzes sind damit bestimmt. Ausgehend von dem Basiszinssatz von **6,5%**,

einem Risikozuschlag von **3,1% bis 3,7%-Punkten**

und dem Preissteigerungsabschlag von **1,8%-Punkten**

bestimmt sich der maßgebliche Eigenkapitalkostensatz eines Gasnetzbetreibers auf der Endverteilerstufe oder eines regionalen Gasversorgungsunternehmens in einer Spannweite von **7,8% bis 8,4%**.

Abschließend sei noch einmal darauf hingewiesen, dass es sich um eine Größe nach Unternehmenssteuern handelt. Abweichungen von der angegebenen Spannweite nach oben können aufgrund besonders ausgeprägten partiellen Leitungswettbewerbs oder aufgrund einer außergewöhnlichen Anlagenstruktur gerechtfertigt sein.

Leipzig, 2. Juni 2004   Prof. Dr. *Ralf Diedrich*

Literatur

Alexander, I.; Mayer, C.; Weeds, H.: Regulatory Structure and Risk and Infrastructure Firms. An International Comparison, Policy Research Working Paper 1698, World Bank Private Sector Development Department December 1996, http://www.econ.worldbank.org/files/802_wps1698.pdf im März 2004.

Baetge, J.; Krause, Cl.: Die Berücksichtigung des Risikos bei der Unternehmensbewertung – eine empirisch gestützte Betrachtung des Kalkulationszinses, in: Betriebswirtschaftliche Forschung und Praxis, 46. Jg., 1994, S. 433-456.

Becker, Th.: Historische versus fundamentale Betafaktoren: Theoretische Grundlagen und empirische Ermittlung, Stuttgart 2000.

Bimberg, L. H.: Langfristige Renditeberechnung zur Ermittlung von Risikoprämien, Frankfurt/Main u. a. 1991.

Brealey, R. A.; Myers, St. C.: Principles of Corporate Finance, 5. Aufl., New York u. a. 1996.

Brown, St. J.; Goetzmann, W. N.; Ross, St. A.: Survival, in: Journal of Finance, Vol. 50, S. 853-873.

Bufka, J.; Schiereck, D., Zinn, K.: Kapitalkostenbestimmung für diversifizierte Unternehmen. Ein empirischer Methodenvergleich, in: Zeitschrift für Betriebswirtschaft, 69. Jg., 1999, S. 115-131.

Conen, R.; Väth, H.: Risikoprämien am deutschen Kapitalmarkt, in: Die Bank, 11/1993, S. 642-647.

Copeland, T.; Koller, T.; Murrin, J.: Unternehmenswert. Methoden und Strategien für eine wertorientierte Unternehmensführung, 3. Aufl., Frankfurt New York 2002.

Dimson, E.; Marsh, P.; Staunton, M.: Global Evidence on the Equity Risk Premium, in: Journal of Applied Corporate Finance, Vol. 15, 2003, S. 27-38.

Drukarczyk, J.: Unternehmensbewertung, 4. Aufl., München 2003.

Feltham, G. A.; Ohlson, J. A.: Residual Earnings Valuation With Risk and Stochastic Interest Rates, in: The Accounting Review, Vol. 74, 1999, S. 165-183.

Franke, G.; Hax, H.: Finanzwirtschaft des Unternehmens und Kapitalmarkt, 4. Aufl., Berlin u. a. 1999.

Frantzmann, H.-J.: Zur Messung des Marktrisikos deutscher Aktien, in: Zeitschrift für betriebswirtschaftliche Forschung, 42. Jg., 1990, S. 67-83.

Freygang, W.: Kapitalallokation in diversifizierten Unternehmen. Ermittlung divisionaler Eigenkapitalkosten, Wiesbaden 1993.
Gerke, W.: Gutachten zur risikoadjustierten Bestimmung des Kalkulationszinssatzes in der Stromnetzkalkulation, Nürnberg 2003.
Günther, Th.: Unternehmenswertorientiertes Controlling, München 1997.
Hachmeister, D.: Der Discounted Cash Flow als Maß der Unternehmenswertsteigerung, 4. Aufl., Frankfurt/Main u. a. 2000.
Institut der Wirtschaftsprüfer: Grundsätze zur Durchführung von Unternehmensbewertungen (IDW S1), in: Die Wirtschaftsprüfung, 53. Jg., 2000, S. 825-842.
Jorion, Ph.; Goetzmann, W. N.: Global Stock Markets in the Twentieth Century, http://faculty.fuqua.duke.edu/~charvey/Teaching/BA453_2004/GJ_Global.pdf im März 2004.
Kloock, J.: Mehrperiodige Investitionsrechnungen auf der Basis kalkulatorischer und handelsrechtlicher Erfolgsrechnungen, in: Zeitschrift für betriebswirtschaftliche Forschung, 33. Jg., 1981, S. 873-890.
Knieps, G.: Wettbewerb auf den Ferntransportnetzen der deutschen Gaswirtschaft, Wirtschaftswissenschaftliches Gutachten im Auftrag der Ruhrgas AG, Freiburg 2002.
Konzerngeschäftsbericht der E.ON AG für das Geschäftsjahr 2003, erhältlich im Internet unter http://www.eon.com im März 2004.
Lücke, W.: Investitionsrechnung auf der Grundlage von Ausgaben oder Kosten, in: Zeitschrift für betriebswirtschaftliche Forschung, 7. Jg., 1955, S. 310-324.
Männel, W.: Kalkulatorische Abschreibungen, Zinsen, Gewinne und Substanzerhaltungsrücklagen in der Strompreiskalkulation – Gutachten zur Neufassung der Arbeitsanleitung zur Feststellung der Kosten- und Erlöslage einschließlich Kostenträgerrechnung im Preisgenehmigungsverfahren nach § 12 BTOElt, erstellt im Auftrag des Bundeswirtschaftsministeriums Bonn, Lauf an der Pegnitz/Nürnberg 1996.
Morawietz, M.: Rentabilität und Risiko deutscher Aktien- und Rentenanlagen seit 1870, Wiesbaden 1994.
Moxter, A.: Grundsätze ordnungsmäßiger Unternehmensbewertung, 2. Aufl., Wiesbaden 1983.
Oertmann, P.: Firm-Size-Effekt am deutschen Aktienmarkt, in: Zeitschrift für betriebswirtschaftliche Forschung, 46. Jg., 1994, S. 229-259.
Piltz, D. J.: Die Unternehmensbewertung in der Rechtsprechung, 3. Aufl., Düsseldorf 1994.
Preinreich, D.: Valuation and Amortization, in: The Accounting Review, Vol. 12, 1937, S. 209 - 226.

Rosenberg, B.; Guy, J.: Prediction of Beta from Investment Fundamentals, in: Financial Analysts Journal, July – August 1976, S. 62-70.

Ross, St.; Westerfield, R. W.; Jaffee, J. F.: Corporate Finance, 5. Aufl., Boston u. a. 1999.

Schirm, A.: Wetterderivate – Finanzmarktprodukte für das Management wetterbedingter Geschäftsrisiken, in: Finanz Betrieb, 2. Jg., 2000, S. 722-730.

Seicht, G.: Zur Tageswertorientierung administrierter Preise (speziell in der Energiewirtschaft), in: Betriebswirtschaftliche Forschung und Praxis, 48. Jg., 1996, S. 345-363.

Sharpe, W. F.; Alexander, G. J.; Bailey, J. V.: Investments, 6. Aufl., New Jersey 1999.

Sieben, G.; Diedrich, R.; Price Waterhouse: Kosten und Erlöse in der Stromversorgung. Gutachten zur Bestimmung der kalkulatorischen Kosten unter besonderer Beachtung der Unternehmenserhaltung, Frankfurt/Main 1996.

Sieben, G.; Maltry, H.: Kostenbasierte Kalkulation von Netznutzungsentgelten am Beispiel der Stromindustrie, in: Der Betrieb, 56. Jg., 2003, S. 729-735.

Sieben, G.; Maltry, H.: Zur Bemessung kalkulatorischer Abschreibungen und kalkulatorischer Zinsen bei der kostenbasierten Preisermittlung von Unternehmen der öffentlichen Energieversorgung, in: Betriebswirtschaftliche Forschung und Praxis, 54. Jg., 2002, S. 402-418.

Statistisches Bundesamt (Hrsg.): Statistisches Jahrbuch 2003, Wiesbaden 2003.

Stehle, R.: Renditevergleich von Aktien und festverzinslichen Wertpapieren auf Basis des DAX und des REXP, Arbeitsbericht der Humboldt-Universität Berlin 1999, http://www.wiwi.hu-berlin.de/finance/Material/Forschung/daten im Februar 2004.

Stehle, R.; Hartmond, A.: Durchschnittsrenditen deutscher Aktien 1954-1988, in: Kredit und Kapital, 24. Jg., 1991, S. 371-411.

Steiner, M.; Bruns, C.: Wertpapiermanagement, 6. Aufl., Stuttgart 1998.

Stewart, G. B.: The Quest for Value, New York 1999.

Swoboda, P.: Die Kostenbewertung in Kostenrechnungen, die der betrieblichen Preispolitik oder der staatlichen Preisaufsicht dienen, in: Zeitschrift für betriebswirtschaftliche Forschung, 25. Jg., 1973, S. 353-367.

Swoboda, P.: Zur Anschaffungswertorientierung administrierter Preise (speziell in der Elektrizitätswirtschaft), in: Betriebswirtschaftliche Forschung und Praxis, 48. Jg., 1996, S. 364-381.

Thiele, D.; Robe, S.; Cremers, H.: Beta als Risikomaß. Eine Untersuchung am europäischen Aktienmarkt, Arbeitsbericht 19 der Hochschule für Bankwirtschaft, Frankfurt/Main 2000.
Uhlir, H.; Steiner, P.: Wertpapieranalyse, 3. Aufl., Heidelberg 1994.
Wallmeier, M. (1999): Kapitalkosten und Finanzierungsprämissen, in: Zeitschrift für Betriebswirtschaft, 69. Jg., 1999, S. 1473-1490.
Widmann, B.; Schieszl, S.; Jeromin, A.: Der Kapitalisierungszinssatz in der praktischen Unternehmensbewertung, in: Finanz Betrieb, 5. Jg., 2003, S. 800-810.
Zimmermann, G.: Unternehmenserhaltung, Kostenhöhe und Finanzstruktur, in: Kostenrechnungspraxis, 1997, S. 25-33.
Zimmermann, P.: Schätzung und Prognose von Betawerten. Eine Untersuchung am deutschen Aktienmarkt, Bad Soden 1997.

Anlage 1: Umlaufrenditen von Anleihen der öffentlichen Hand und börsennotierten Bundeswertpapieren 1964 bis 2003[73]

Jahr	Anleihen der öff. Hand	Börsennot. Bundeswertpapiere	Jahr	Anleihen der öff. Hand	Börsennot. Bundeswertpapiere
1964	6,23	6,18	1984	7,78	7,76
1965	7,05	6,99	1985	6,87	6,84
1966	8,13	7,93	1986	5,92	5,86
1967	6,96	6,84	1987	5,84	5,81
1968	6,45	6,36	1988	6,11	6,07
1969	6,84	6,77	1989	7,03	7,03
1970	8,32	8,28	1990	8,85	8,84
1971	7,99	7,96	1991	8,64	8,63
1972	7,88	7,87	1992	7,98	7,98
1973	9,33	9,27	1993	6,28	6,28
1974	10,38	10,33	1994	6,68	6,68
1975	8,48	8,38	1995	6,51	6,51
1976	7,80	7,77	1996	5,64	5,62
1977	6,16	6,13	1997	5,10	5,08
1978	5,73	5,70	1998	4,40	4,40
1979	7,43	7,41	1999	4,28	4,28
1980	8,50	8,50	2000	5,28	5,23
1981	10,38	10,38	2001	4,72	4,71
1982	8,95	8,96	2002	4,61	4,61
1983	7,89	7,89	2003	3,78	3,82

[73] Siehe Zeitreihen WU0004 und WU0115 in der Zeitreihendatenbank der Deutschen Bundesbank; veröffentlicht im Internet unter http://www.bundesbank.de im Februar 2004. Angegeben ist jeweils das arithmetische Mittel der monatsspezifischen Renditen.

Anlage 2:
Marktrisikoprämien im Zeitraum 1900 bis 2002 im internationalen Vergleich[74]

	Geometrisches Mittel	Arithmetisches Mittel
Australien	6,0%	7,6%
Belgien	2,1%	3,9%
Kanada	4,0%	5,5%
Dänemark	1,5%	2,7%
Frankreich	3,6%	5,8%
Deutschland	5,7%	9,0%
Irland	3,2%	4,8%
Italien	4,1%	7,6%
Japan	5,4%	9,5%
Niederlande	3,8%	5,9%
Südafrika	5,2%	6,8%
Spanien	1,9%	3,8%
Schweden	4,8%	7,2%
Schweiz	1,4%	2,9%
Großbritannien	3,8%	5,1%
USA	4,4%	6,4%
Durchschnitt	3,8%	5,9%

---

[74] Die Daten wurden aus *Dimson/Marsh/Staunton* (2003), S. 31, übernommen.

Anlage 3: Aktuelle Betafaktoren zum DJ Euro Stoxx Utilities[75]

DJ Euro Stoxx Utilities	Betafaktoren	Bestimmtheitsmaß
Index	0,59	0,54
Endesa SA	0,95	0,70
Veolia	0,86	0,39
Group Bruxelles Lambert	0,84	0,66
AEM SpA	0,75	0,48
RWE AG	0,69	0,45
E.ON AG	0,58	0,32
Enel SpA	0,57	0,48
Union Fenosa	0,52	0,26
Elec de Port	0,41	0,23
Gas Natural	0,40	0,21
Electrabel SA	0,29	0,24

---

[75] Eigene Berechnung auf der Grundlage von Daten der Reuters AG.

Anlage 4: Theoretischer Zeitbezug des Preissteigerungsabschlags[76]

Gezeigt wird, dass die exogen vorgegebene, als angemessen angesehene interne Verzinsung bei einer Bemessung des Preissteigerungsabschlags auf der Basis der aktuellen Preissteigerungen erreicht wird. Vereinfachend werden nur Abschreibungen und Kapitalkosten betrachtet.

Das im Zeitpunkt $t=0$ investierte Eigenkapital EK_0 erzielt dann eine interne Verzinsung in Höhe von k_t^{EK}, wenn bezüglich der auf den eigenfinanzierten Teil der Investition verrechneten Abschreibungen AfA_t^{EK} und der Eigenkapitalkosten KK_t^{EK} in den Perioden $t = 1, ..., T$ gilt:

$$EK_0 = \sum_{t=1}^{T} \left[\left(AfA_t^{EK} + KK_t^{EK} \right) \cdot \prod_{s=1}^{t}(1+k_s^{EK})^{-1} \right]$$

Im Rahmen einer tageswertorientierten Kalkulation gilt bei Bemessung des Preissteigerungsabschlags auf der Grundlage der jeweils aktuellen Preissteigerungsrate:

$$AfA_t^{EK} = d_t \cdot e \cdot I \cdot \prod_{s=1}^{t}(1+g_s) \qquad \text{und}$$

$$KK_t^{EK} = (k_t^{EK} - g_t) \cdot KB_{t-1}^{EK} \qquad \text{mit}$$

$$KB_{t-1}^{EK} = e \cdot I \cdot \prod_{s=1}^{t-1}(1+g_s) \cdot \left[1 - \sum_{s=1}^{t-1} d_s \right]$$

---

[76] Vgl. zu der Beweisführung *Sieben/Diedrich/Price Waterhouse* (1996), S. 70-74, *Swoboda* (1996), S. 381, *Sieben/Maltry* (2002), S. 413-416.

Dabei bezeichnen I den ingesamt investierten Betrag und e den Eigenfinanzierungsanteil der Investition, es gilt $EK_0 = e \cdot I$. d_t symbolisiert den Abschreibungssatz der Periode t mit $\sum_{t=1}^{T} d_t = 1$. g_t steht für die anlagenspezifische Preissteigerungsrate in der Periode t, $I \cdot \prod_{s=1}^{t}(1+g_s)$ bezeichnet den Tagesneuwert der Anlage im Zeitpunkt t.

Es folgt

$$EK_0 = \sum_{t=1}^{T} \left[\left(AfA_t^{EK} + KK_t^{EK} \right) \cdot \prod_{s=1}^{t}(1+k_s^{EK})^{-1} \right]$$

$$\Leftrightarrow I = \sum_{t=1}^{T} \left[\left(d_t \cdot I + \frac{k_t^{EK} - g_t}{1+g_t} \cdot \left[1 - \sum_{s=1}^{t-1} d_s \right] \cdot I \right) \cdot \prod_{s=1}^{t} \frac{1+g_s}{1+k_s^{EK}} \right]$$

Die letzte Identität ist wegen $\frac{k_t^{EK} - g_t}{1+g_t} = \frac{1+k_t^{EK}}{1+g_t} - 1$ gemäß dem Theorem von *Preinreich/Lücke* in der Variante mit periodenspezifischen Kapitalkostensätzen erfüllt.[77] Da g_t der jeweils aktuellen Preissteigerungsrate der Periode t entspricht, ist damit die aufgestellte Behauptung bewiesen.

---

[77] Zum Theorem von *Preinreich/Lücke* siehe insbesondere *Preinreich* (1937), *Lücke* (1955), *Kloock* (1981), *Feltham/Ohlson* (1999).

Anlage 5:
Anlagenklassen gemäß Verbändevereinbarung Erdgas II und WIBERA Indexreihen

Sehr geehrter Herr Prof. Dr. Diedrich,

zur Unterstützung Ihrer Arbeiten für BGW und VKU wurden wir gebeten, eine Einschätzung zur möglichen Zusammensetzung des Anlagevermögens von Gasnetzbetreibern in der Endverteilung, zum möglichen Alter dieser Versorgungsanlagen sowie zur Anwendung der WIBERA-Indexreihen abzugeben.

Die folgenden **Blätter 1 und 2** zeigen die Indexfaktoren für einzelne Anlagengüter nach VV Erdgas II, Anlage 9, auf Grundlage der WIBERA-Indexreihen der Jahre 2001 und 2002. Zur Ermittlung der Indexfaktoren wurde für die einzelnen Anlagegruppen ein mittleres Alter unterstellt, das auf Basis der technisch-wirtschaftlichen Nutzungsdauern entsprechend der mittleren Nutzungsdauer nach Anlage 9, VV Erdgas II, abgeschätzt wurde. Dabei wurde vereinfachend davon ausgegangen, dass sich die Gasversorgungsnetze in einem „eingeschwungenen Zustand" befinden und Erneuerungsinvestitionen regelmäßig getätigt wurden. Dementsprechend hätten alle Anlagen die Hälfte ihrer Lebensdauer erreicht.

Blatt 3 zeigt eine zusammenfassende Abschätzung von Bandbreiten der Zusammensetzung des Anlagevermögens von beispielhaften Gasnetzbetreibern in der Endverteilung nach Hauptanlagenklassen und dem unterstellten mittleren Anlagenalter.

Zur Beurteilung der individuellen Gegebenheiten des einzelnen Gasnetzbetreibers bleibt die Anwendung von einzelnen Indexreihen und tatsächlichen Anschaffungsjahren allerdings erforderlich.

Mit freundlichen Grüßen

WIBERA Wirtschaftsberatung AG
Wirtschaftsprüfungsgesellschaft

Blatt 1: Indexfaktoren Bezugszeitpunkt 2001

Bezugszeitpunkt: 31.12.2001

Umwandlungsfrei Information. Weitergabe nur mit unserer ausdrücklichen Zustimmung. Keine Gewährleistung für unaufgefordert Folgenutzen aus dieser Darstellung

Vorgaben gemäß VV Erdgas II | **WIBERA-Indexreihen** | **Beispielangaben** :WIBERA

Nummer	Anlagengruppe	Nutzungsdauer von Jahre	bis Jahre	Indexreihe Nummer	Bezeichnung	Abschätzung mittleres Anschaffungsjahr	Abschätzung Faktor auf 3 Stellen begrenzt rd.
1. Allgemeine Anlagen							
1	Grundstücke						
2	Grundstücksanlagen Bauten für Transportwesen	25	35	001	Betriebsgebäude (ohne Außenanlagen)	1987	1,358
				002	Büro- und ähnliche Gebäude (ohne Außenanlagen)	1987	1,366
				033	Betonbauwerke, Fundamente	1987	1,209
				060	Außen- und Grünanlagen	1987	1,320
				004	Straßenbau	1987	1,248
				601	Straßenbau Oberbau mit hydr. Bindemitteln	1987	1,269
				605	Straßenbau Oberbau ohne Bindemittel	1987	1,207
				606	Straßenbau Oberbau mit bit. Bindemittel	1987	1,238
				607	Straßenbau Pflasterdecken und Plattenbeläge	1987	1,236
				608	Pflanz-und Rasenarbeiten im Landschaftsbau	1987	1,510
				006	Pflasterarbeiten	1987	1,234
				639	Hochbau-Betonerzeugnisse und Betonfertigteile	1987	1,189
				624	Brücken (allgemein)	1987	1,247
				625	Straßenbau (allgemein)	1987	1,248
				645	Konstruktionen aus Stahl (auch Maste, Brücken, Tore)	1987	1,172
3	Betriebsgebäude	50	60	001	Betriebsgebäude (ohne Außenanlagen)	1975	2,248
				002	Büro- und ähnliche Gebäude (ohne Außenanlagen)	1975	2,264
				621	gemischtgenutzte Gebäude	1975	2,070
				622	Stahlbeton gewerbliche Betriebsgebäude	1975	2,121
				828	Sozialcontainer	1975	1,995
4	Verwaltungsgebäude	60	70	001	Betriebsgebäude (ohne Außenanlagen)	1970	3,015
				002	Büro- und ähnliche Gebäude (ohne Außenanlagen)	1970	3,112
				621	gemischtgenutzte Gebäude	1970	2,070
5	Gleisanlagen, Eisenbahnwagen	23	27	210	Gleisanlagen	1990	1,188
				231	Lokomotiven (Anschlussbahn)	1990	1,237
				671	Stetigförderer, Gleis- und Drahtseilförderer	1990	1,182
				044	Schienenfahrzeuge	1990	1,142
6	Geschäftsausstattung (ohne EDV, Werkzeuge / Geräte) Vermittlungseinrichtungen	8	10	522	Büro- und Geschäftsausstattung	1996	1,051

Anlagen

7	Werkzeuge / Geräte	14	18	695	Büro- Maschinen, Einrichtungen (techn.), Datenverarbeitung	1998	0,888
				035	Büromaschinen	1998	1,047
				036	Büro- und Ladenmöbel	1998	1,052
				690	Möbel, Regale, Einrichtungen aus Blech und NE-Metall	1998	1,053
				236	Getränkeautomaten	1998	0,999
				651	Metallbearbeitungsmaschinen (allgemein)	1994	1,127
				652	Holz-und-verarbeitungsmasch. auch in Werkstätten	1994	1,091
				653	Auswechselbare Präzisionswerkzeuge für Metallbearbeitung	1994	1,073
				654	Schweißgeräte autogen	1994	1,045
				655	Mechanische Pressen (Werkzeug)	1994	1,117
				656	Kompressoren, Vakuumpumpen, Druckluftgeräte	1994	1,111
				657	Flüssigkeitspumpen	1994	1,122
				658	Mech. u. hydraulikpressen (Kunststoffindustrie)	1994	1,056
				666	Lufttechnische Apparate und Anlagen (Entstaubungstechnik	1994	1,102
				670	Krane Hängebahnen, Verladebrücken, Hubwerke	1994	1,077
				671	Stetigförderer, Gleis- und Drahtseilförderer	1994	1,081
				843	Werkbank	1994	1,080
				674	Druckminderer, Schwerarmaturen Standardausführung	1994	1,092
8	Lagereinrichtungen	14	25	689	Lager-, Transport- und Müllbehälter	1992	0,966
				034	Fördermittel, Hebezeuge	1992	1,068
				670	Krane, Hängebahnen, Verladebrücken, Hubwerke	1992	1,103
				671	Stetigförderer, Gleis- und Drahtseilförderer	1992	1,081
				666	Hubmagnete	1992	1,143
9	EDV-Anlagen						
	- Hardware	4	8	068	EDV-Geräte und -Einrichtungen	1999	0,920
				695	Büro- Maschinen, Einrichtungen (techn.), Datenverarbeitung	1999	0,935
	Software	3	5	068	EDV-Geräte und -Einrichtungen	2000	0,966
10	Fahrzeuge						
	- Leichtfahrzeuge	5	5	041	Kraftwagen (PKW)	2000	1,015
	- Schwerfahrzeuge	8	8	042	Kraftwagen (LKW)	1998	1,039
2. Gasbehälter		45	55	011	Kessel, Tanks, Standbehälter	1977	2,120
3. Verteilungsnetze							
1	Stahlleitungen	55	65	243	Rohrnetze Stahl, i. M. NW 150, mit Oberflächenbefestigung	1972	2,122
				244	Rohrnetze Stahl, i. M. NW 150, ohne Oberflächenbefestigung	1972	2,098
2	Kunststoffleitungen	45	55	245	Rohrnetze, Kunststoff, i. M. NW 100, mit Oberflächenbefestigung	1977	1,719
				246	Rohrnetze, Kunststoff, i. M. NW 100, ohne Oberflächenbefestigung	1977	1,700
3	Gasleitungen	45	55	201	Gasrohrnetze, i. M. NW 150, fertig verlegt	1977	1,955
4	Hauptrohrleitungen	45	55	229	Hauptrohrleitungen, erdverlegt, ab NW 400	1977	1,627
4. Hausanschlüsse		45	55	024	Gas- und Wasserhausanschlüsse	1977	1,977
5. Mess- und Regelanlagen		20	30	200	Gasregelanlagen (ohne Bauteil, mit Montage)	1990	1,325
				248	Gasbefeuchtungs- und Odorierungsanlagen	1990	1,166
				247	Spaltanlagen	1990	1,268
				027	Armaturen für Gas und Wasser	1990	1,305
				830	Gasregelstation	1990	1,223
6. Hausdruckregler, Zählerregler		15	25	200	Gasregelanlagen (ohne Bauteil, mit Montage)	1992	1,192
				014	Elektrische Mess-. Prüf-. Steuer- und Regelgeräte (ohne Montage)	1992	1,118
				015	Elektrische Mess-. Prüf-. Steuer- und Regelgeräte (mit Montage)	1992	1,179
7. Gaszähler		8	16	016	Mechanische Zähler (Strom, Gas, Wasser)	1996	0,703

Blatt 2: Bezugszeitpunkt 2002

Bezugszeitpunkt: 31.12.2002

Umweltschutzliche Informationen. Weitergabe nur mit unserer ausdrücklichen Zustimmung. Keine Gewährleistung für unabgestimmte Folgerungen aus dieser Darstellung.

WIBERA

Vorgaben gemäß VV Erdgas II				WIBERA-Indexreihen		Beispielangaben		
Nummer	Anlagengruppe	Nutzungsdauer		Indexreihe Nummer	Bezeichnung	Abschätzung mittleres Alter	Abschätzung mittleres Anschaffungsjahr	Abschätzung Faktor auf 3 Stellen begrenzt rd.
		von Jahre	bis Jahre					
1. Allgemeine Anlagen								
1	Grundstücke							
2	Grundstücksanlagen Bauten für Transportwesen	25	35	1	Betriebsgebäude (ohne Außenanlagen)	15	1987	1,361
				2	Büro- und ähnliche Gebäude (ohne Außenanlagen)	15	1987	1,371
				33	Betonbauwerke, Fundamente	15	1987	1,199
				60	Außen- und Grünanlagen	15	1987	1,319
				4	Straßenbau	15	1987	1,244
				601	Straßenbau Oberbau mit hydr. Bindemitteln	15	1987	1,291
				605	Straßenbau Oberbau ohne Bindemittel	15	1987	1,202
				606	Straßenbau Oberbau mit bit. Bindemittel	15	1987	1,242
				607	Straßenbau Pflasterdecken und Plattenbeläge	15	1987	1,230
				608	Pflanz- und Rasenarbeiten im Landschaftsbau	15	1987	1,493
				6	Pflasterarbeiten	15	1987	1,228
				639	Hochbau-Betonerzeugnisse und Betonfertigteile	15	1987	1,161
				624	Brücken (allgemein)	15	1987	1,241
				4	Straßenbau (allgemein)	15	1987	1,244
				645	Konstruktionen aus Stahl (auch Maste, Brücken, Tore)	15	1987	1,166
3	Betriebsgebäude	50	60	1	Betriebsgebäude (ohne Außenanlagen)	28	1975	2,252
				2	Büro- und ähnliche Gebäude (ohne Außenanlagen)	28	1975	2,268
				621	gemischtgenutzte Gebäude	28	1975	2,070
				622	Stahlbeton gewerbliche Betriebsgebäude	28	1975	2,128
				628	Sozialcontainer	28	1975	2,040
4	Verwaltungsgebäude	60	70	1	Betriebsgebäude (ohne Außenanlagen)	33	1970	3,021
				2	Büro- und ähnliche Gebäude (ohne Außenanlagen)	33	1970	3,119
				621	gemischtgenutzte Gebäude	33	1970	2,070
5	Gleisanlagen, Eisenbahnwagen	23	27	210	Gleisanlagen	13	1990	1,202
				231	Lokomotiven (Anschlussbahn)	13	1990	1,256
				671	Stetigförderer, Gleis- und Drahtseilförderer	13	1990	1,204
				44	Schienenfahrzeuge	13	1990	1,152
6	Geschäftsausstattung (ohne EDV, Werkzeuge / Geräte) Vermittlungseinrichtungen	8	10	522	Büro- und Geschäftsausstattung	5	1998	1,050
				695	Büro- Maschinen, Einrichtungen (techn.), Datenverarb.	5	1998	0,850
				35	Büromaschinen	5	1998	1,030
				36	Büro- und Lademöbel	5	1998	1,062
				690	Möbel, Regale, Einrichtungen aus Blech und NE-Metall	5	1998	1,096
				505	Getränkeautomaten	5	1998	1,018

Anlagen

7	Werkzeuge / Geräte	14	18	651	Metallbearbeitungsmaschinen (allgemein)	8	1994	1.140
				652	Holz- und -verarbeitungsmasch. auch in Werkstätten	8	1994	1.115
				653	Ausweichbare Präzisionswerkzeuge für Metallbearb.	8	1994	1.089
				654	Schweißgeräte autogen	8	1994	1.053
				655	Mechanische Pressen (Werkzeug)	8	1994	1.136
				656	Kompressoren, Vakuumpumpen, Druckluftgeräte	8	1994	1.120
				657	Flüssigkeitspumpen	8	1994	1.146
				658	Mech. u. Hydraulikpressen (Kunststoffindustrie)	8	1994	1.065
				666	Lufttechnische Apparate und Anlagen (Entstaubungstel)	8	1994	1.112
				670	Krane, Hängebahnen, Verladebrücken, Hubwerke	8	1994	1.093
				671	Stetigförderer, Gleis- und Drahtseilförderer	8	1994	1.101
				843	Werkbank	8	1994	1.117
				874	Druckminderer, Schwerarmaturen Standardausführung	8	1994	1.113
8	Lagereinrichtungen	14	25	689	Lager-, Transport- und Müllbehälter	10	1992	0.976
				34	Fördermittel, Hebezeuge	10	1992	1.079
				670	Krane, Hängebahnen, Verladebrücken, Hubwerke	10	1992	1.120
				671	Stetigförderer, Gleis- und Drahtseilförderer	10	1992	1.101
				686	Hubmagnete	10	1992	1.163
9	EDV-Anlagen							
	- Hardware	4	8	666	EDV-Geräte und -Einrichtungen	3	1999	0.900
				695	Büro-Maschinen, Einrichtungen (techn.), Datenverarb.	3	1999	0.915
	- Software	3	5	696	EDV-Geräte und -Einrichtungen	2	2000	0.944
	Fahrzeuge							
	- Leichtfahrzeuge	5	5	41	Kraftwagen (PKW)	3	2000	1.039
	- Schwerfahrzeuge	8	8	42	Kraftwagen (LKW)	4	1998	1.059
2. Gasbehälter		45	55	42	Kessel, Tanks, Stahlbehälter	25	1977	2.161
3. Verteilungsnetze								
1	Stahlleitungen	55	65	243	Rohrnetze, Stahl, l. M. NW 150, mit Oberflächenbefest.	30	1972	2.135
				244	Rohrnetze, Stahl, l. M. NW 150, ohne Oberflächenbefest.	30	1972	2.122
2	Kunststoffleitungen	45	55	245	Rohrnetze, Kunststoff, l. M. NW 100, mit Oberflächen	25	1977	1.714
				246	Rohrnetze, Kunststoff, l. M. NW 100, ohne Oberfläche	25	1977	1.698
3	Gussleitungen	45	55	201	Gussrohrnetze i. M. NW 150, fertig verlegt	25	1977	1.890
4	Hauptrohrleitungen	45	55	229	Hauptrohrleitungen, erdverlegt, ab NW 400	25	1977	1.645
4. Hausanschlüsse		45	55	24	Gas- und Wasserhausanschlüsse	25	1977	1.998
5. Mess- und Regelanlagen								
		20	30	200	Gasregelanlagen (ohne Bauteil mit Montage)	13	1990	1.356
				248	Gasbefeuchtungs- und Odorierungsanlagen	13	1990	1.191
				247	Spaltanlagen	13	1990	1.294
				27	Armaturen für Gas und Wasser	13	1990	1.330
				830	Gasregelstation	13	1990	1.255
6. Hausdruckregler, Zählerregler		15	25	200	Gasregelanlagen (ohne Bauteil mit Montage)	10	1992	1.220
				14	Elektrische Mess-, Prüf-, Steuer- und Regelgeräte (o)	10	1992	1.139
				15	Elektrische Mess-, Prüf-, Steuer- und Regelgeräte (m)	10	1992	1.203
7. Gaszähler		8	16	16	Mechanische Zähler (Strom, Gas, Wasser)	6	1996	0.724

Blatt 3: Zusammenfassung der Anlagenklassen

WIBERA

Hauptanlagenklassen gemäß VV Erdgas II	Bandbreite der Anteile am Anlagevermögen (AK/HK)			Indexreihe	Mittleres Alter * (Jahre)
	von	bis	Abschätzung	Ansatz	Ansatz
1. Allgemeine Anlagen	1%	29%	15,0%	2	28
2. Bezugsanlagen	1%	7%	2,5%	200	13
3. Verteilungsanlagen Gesamt	**38%**	**82%**	**46,0%**		
davon Stahlleitungen	5%	80%	23,0%	243	30
davon Kunststoffleitungen	30%	100%	22,5%	245	25
davon Gussleitungen	0%	5%	0,5%	201	25
4. Hauptrohrleitungen	4%	18%	5,0%	243	30
5. Hausanschlüsse	3%	39%	26,0%	24	25
6. Druckregelung	2%	7%	4,0%	830	13
7. Gaszähler	1%	9%	1,5%	16	6

* halber Wert gemäß VV Erdgas II, Anlage 9